EINE PERFEKTE ANLEITUNG FÜR IHREN BBQ

100 FANCY OUTDOOR-REZEPTE

ANNA MAYER

Haftungsausschluss

Die enthaltenen Informationen sollen als umfassende Sammlung von Strategien dienen, über die der Autor dieses eBooks recherchiert hat. Zusammenfassungen, Strategien, Tipps und Tricks sind nur Empfehlungen des Autors, und das Lesen dieses eBooks garantiert nicht, dass die Ergebnisse genau die Ergebnisse des Autors widerspiegeln. Der Autor des eBooks hat alle zumutbaren Anstrengungen unternommen, um den Lesern des eBooks aktuelle und genaue Informationen bereitzustellen. Der Autor und seine Mitarbeiter haften nicht für unbeabsichtigte Fehler oder Auslassungen, die möglicherweise gefunden werden. Das Material im eBook kann Informationen von Dritten enthalten. Materialien von Drittanbietern enthalten Meinungen, die von ihren Eigentümern geäußert wurden. Daher übernimmt der Autor des eBooks keine Verantwortung oder Haftung für Materialien oder Meinungen Dritter.

Sommario

EINFÜHRUNG

Willkommen beim Grillkochbuch!

Sie sind dabei, sich auf ein Abenteuer einzulassen, das nicht nur Spaß macht, sondern vielleicht sogar ein wenig süchtig macht. Aber eines ist sicher: Es ist köstlich!

Du bist neu beim Grillen? Sie haben Angst, einen Grill anzuzünden? Nun, keine Angst. Es ist nicht so kompliziert, wie es aussieht. Dieses Buch hat einige Rezepte zum Mitnehmen und einige verlangen sogar nach Indoor-Grillen!

Was ist BBQ?

Barbecue stammt vom karibischen Wort "Barbacoa" ab, einer indianischen Struktur, die zum Räuchern von Fleisch verwendet wird.

Es ist wichtig zu beachten, dass Grillen und Grillen zwei verschiedene Konzepte sind. Während beim Grillen hohe und direkte Hitze für schnelles Garen verwendet wird (denken Sie an Burger, Hot Dogs und Steaks), erfordert das Grillen andererseits indirekte, gleichmäßige, niedrige Hitze und längere Garzeiten. Beim Grillen werden auch verschiedene Arten von Räucherholz verwendet, um dem Holzkohlerauch eine zusätzliche Geschmacksschicht zu verleihen. Fleisch, das zum Grillen verwendet wird, hat tendenziell auch einen höheren Fettgehalt, was über eine lange Garzeit für Zartheit und Geschmack sorgt.

Tipps für den Einstieg:

- Um beim Wenden keinen Saftverlust zu vermeiden, wenden Sie Ihr Fleisch oder Gemüse immer mit einer Zange oder einem Spatel.
- Drücken Sie während des Grillens nichts mit einem Spatel nach unten! Dadurch werden die Säfte ausgepresst.
- Für ein tolles Raucharoma einige Holzspäne in Wasser einweichen.
- Um Grillgut mit Kräuteressenz zu verfeinern, werfen Sie die Kräuter während des Grillens direkt auf die Holzkohle.

SCHWEINEFLEISCH

1. Schweinekragen und Rosmarin-Marinade

Zubereitungszeit: 15 Minuten

Zutaten:

- 1 Schweinehalsband, 3-4 Pfund
- 3 EL Rosmarin, frisch
- 3 Schalotten, gehackt
- 2 Esslöffel Knoblauch, gehackt
- ½ Tasse Bourbon
- 2 Teelöffel Koriander, gemahlen

- 1 Flasche Apfelbier
- 1 Teelöffel gemahlener schwarzer Pfeffer
- 2 Teelöffel Salz
- 3 Esslöffel Öl

Richtungen:

Nehmen Sie einen Reißverschlussbeutel und fügen Sie Pfeffer, Salz, Rapsöl, Apple Ale, Bourbon, Koriander, Knoblauch, Schalotten und Rosmarin hinzu und mischen Sie gut

Fleisch in Scheiben schneiden und in die Marinade geben, über Nacht kühlen lassen

Heizen Sie Ihren Smoker auf 450 Grad F . vor

Fleisch in den Raucher geben und 5 Minuten räuchern, die Rauchtemperatur auf 325 Grad F . senken

Gießen Sie die Marinade darüber und kochen Sie weitere 25 Minuten, bis die interne Rauchtemperatur 160 ° F . erreicht

2. Gebratener Schinken

Zutaten:

- 8-10 Pfund Schinken, ohne Knochen
- 2 Esslöffel Senf, Dijon
- $\frac{1}{4}$ Tasse Meerrettich
- 1 Flasche BBQ Aprikosensauce

Richtungen:

Heizen Sie Ihren Smoker auf 325 Grad F . vor

Decken Sie einen Bräter mit Folie ab und legen Sie den Schinken hinein, geben Sie ihn in den Räucherofen und räuchern Sie ihn 1 Stunde und 30 Minuten lang

Nehmen Sie eine kleine Pfanne und fügen Sie Sauce, Senf und Meerrettich hinzu, stellen Sie sie bei mittlerer Hitze und kochen Sie sie einige Minuten lang

Behalte es auf der Seite

Nach 1 Stunde 30 Minuten Räuchern den Schinken glasieren und weitere 30 Minuten räuchern, bis die interne Rauchtemperatur 135 Grad F . erreicht

20 Minuten ruhen lassen, in Scheiben schneiden und genießen!

3. Geräucherte Schweinelende

Zutaten:

- $\frac{1}{2}$ Liter Apfelsaft
- $\frac{1}{2}$ Liter Apfelessig
- $\frac{1}{2}$ Tasse Zucker
- $\frac{1}{4}$ Tasse Salz
- 2 Esslöffel frisch gemahlener Pfeffer
- 1 Schweinelendenbraten
- $\frac{1}{2}$ Tasse griechisches Gewürz

Richtungen:

Nehmen Sie einen großen Behälter und stellen Sie die Salzlake-Mischung her, indem Sie Apfelsaft, Essig, Salz, Pfeffer, Zucker, Flüssigrauch hinzufügen und umrühren

Rühren Sie weiter, bis sich Zucker und Salz aufgelöst haben und die Lende hinzugefügt wird

Fügen Sie bei Bedarf mehr Wasser hinzu, um das Fleisch einzutauchen

Über Nacht abdecken und kalt stellen

Heizen Sie Ihren Räucherofen mit Hickory Preferred Wood Pellet auf 250 Grad Fahrenheit vor

Bestreichen Sie das Fleisch mit griechischen Gewürzen und geben Sie es in Ihren Räucherofen

3 Stunden lang rauchen, bis die interne Rauchtemperatur des dicksten Teils 160 Grad Fahrenheit erreicht

4. Geräucherte Rippchen mit Erdbeeren und Jalapeno

Zutaten:

- 3 Esslöffel Salz & Pfeffer
- 2 Esslöffel gemahlener Kreuzkümmel
- 1 Esslöffel getrockneter Oregano
- 1 Esslöffel Knoblauch, gehackt
- 2 Teelöffel Chilipulver
- 1 Teelöffel Selleriesamen
- 1 Teelöffel getrockneter Thymian
- 1 Rack Spareribs
- 2 Platten Babyback Schweinerippchen
- 1 Tasse Apfelsaft
- 2 Jalapenopfeffer
- ½ Tasse Bier

- ½ Tasse Zwiebel, gehackt
- ¼ Tasse zuckerfreie Erdbeere
- 3 Esslöffel BBQ-Sauce
- 1 Esslöffel Olivenöl
- 2 Knoblauchzehen

Richtungen:

Legen Sie die Rippchen und das Sparerib-Rack Ihres Babys auf Alufolie und reiben Sie die Gewürzmischung über den ganzen Körper

Teilen und gießen Sie den Apfelsaft auf die Folienpakete und folien Sie die Ränder zusammen, um sie zu versiegeln

Auf deinem Smoker garen, bis die Oberfläche deines Fleisches fein getrocknet ist, es sollte etwa 5-10 Minuten dauern.

5. Einfacher Schweinebratenbraten

Zutaten:

- 1 ganzes 4-5 Pfund Chuck Braten
- ¼ Tasse Olivenöl
- ¼ Tasse fester brauner Zucker
- 2 Esslöffel Cajun-Gewürz
- 2 Esslöffel Paprika
- 2 Esslöffel Cayennepfeffer

Richtungen:

Heizen Sie Ihren Räucherofen mit Eichenholzpellets auf 225 Grad Fahrenheit vor

Hackbraten rundherum mit Olivenöl einreiben

Nehmen Sie eine kleine Schüssel und fügen Sie braunen Zucker, Paprika, Cajun-Gewürz und Cayenne hinzu

Den Braten gründlich mit der Gewürzmischung bestreichen

Übertragen Sie den Chuck Braten auf das Räuchergestell und räuchern Sie ihn 4-5 Stunden lang

6. Jalapeno-Speck-Schweinefilet

Zutaten:

- ¼ Tasse gelber Senf
- 2 (1 Pfund) Schweinefilets
- ¼ Tasse Our House Dry Rub
- 8 Unzen Frischkäse, weich
- 1 Tasse geriebener Cheddar-Käse
- 1 Esslöffel ungesalzene Butter, geschmolzen
- 1 Esslöffel gehackter Knoblauch
- 2 Jalapeño-Paprikaschoten, entkernt und gewürfelt
- 1½ Pfund Speck

Richtungen:

Die Schweinefilets mit Senf bestreichen und dann großzügig mit dem Trockenreiber bestreuen, um das Fleisch zu bedecken.

Die Filets direkt auf den Grill legen, den Deckel schließen und 2 Stunden räuchern.

In einer kleinen Schüssel Frischkäse, Cheddar-Käse, geschmolzene Butter, Knoblauch und Jalapeños vermischen.

Die Hälfte der Frischkäse-Mischung in der Höhlung des Filets verteilen.

Das Filet fest mit der Hälfte des Specks umwickeln. Mit dem restlichen Speck und dem anderen Fleischstück wiederholen.

Die mit Speck umwickelten Filets auf den Grill legen, den Deckel schließen und etwa 30 Minuten räuchern.

7. Geräucherte Gören

Zutaten:

- 4 (12-Unzen) Dosen Bier
- 2 Zwiebeln, in Ringe geschnitten
- 2 grüne Paprikaschoten, in Ringe geschnitten
- 2 Esslöffel ungesalzene Butter, plus mehr für die Brötchen
- 2 Esslöffel rote Paprikaflocken
- 10 Bratwürste, ungekocht
- 10 Hoagie-Rollen, geteilt
- Senf, zum Servieren

Richtungen:

Bringen Sie das Bier, die Zwiebeln, die Paprika, die Butter und die Paprikaflocken zum Kochen.

Stellen Sie eine Einwegpfanne auf eine Seite des Grills und gießen Sie die erwärmte Biermischung hinein, sodass eine „Görewanne" entsteht.

Legen Sie die Bratwürste auf die andere Seite des Grills, direkt auf den Rost, schließen Sie den Deckel und räuchern Sie 1 Stunde lang, indem Sie 2 oder 3 Mal wenden.

Die Bratwürste mit den Zwiebeln und Paprika in die Pfanne geben, mit Alufolie fest abdecken und bei geschlossenem Deckel 30 Minuten bis 1 Stunde weiterräuchern.

Die Schnittseiten der Hoagie-Rollen buttern und mit der Schnittseite nach unten auf dem Grill rösten.

Mit einem Schaumlöffel die Bratwürste, Zwiebeln und Paprika aus der Kochflüssigkeit nehmen und die Flüssigkeit wegschütten.

8. Landschweinebraten

Zutaten:

- 1 (28-Unzen) Glas oder 2 (14,5-Unzen) Dosen Sauerkraut
- 3 Granny Smith Äpfel, entkernt und gehackt
- $\frac{3}{4}$ Tasse hellbrauner Zucker
- 3 Esslöffel griechisches Gewürz
- 2 Teelöffel getrocknete Basilikumblätter
- Natives Olivenöl extra zum Einreiben
- 1 (2 bis 2$\frac{1}{2}$ Pfund) Schweinelendenbraten

Richtungen:

In einer großen Schüssel Sauerkraut, gehackte Äpfel und braunen Zucker verrühren.

Verteilen Sie die Sauerkraut-Apfel-Mischung auf dem Boden einer 9 x 13 Zoll großen Auflaufform.

In einer kleinen Schüssel das griechische Gewürz und das getrocknete Basilikum für den Rub mischen.

Den Schweinebraten einölen und einreiben, dann mit der Fettseite nach oben in die Auflaufform auf das Sauerkraut legen.

Die Auflaufform auf den Grill stellen, den Deckel schließen und das Schweinefleisch 3 Stunden braten.

9. Schweinekoteletts mit eingelegter Paprika

Zutaten:

- 4 (1 Zoll dicke) Schweinekoteletts
- $\frac{1}{2}$ Tasse eingelegter Jalapeño-Saft oder Gurkensaft
- $\frac{1}{4}$ Tasse gehackte eingelegte (eingegossene) Jalapeño-Pfefferscheiben
- $\frac{1}{4}$ Tasse gehackte geröstete rote Paprika
- $\frac{1}{4}$ Tasse gewürfelte Tomaten aus der Dose, gut abgetropft
- $\frac{1}{4}$ Tasse gehackte Frühlingszwiebeln
- 2 Teelöffel Geflügelgewürz
- 2 Teelöffel Salz
- 2 Teelöffel frisch gemahlener schwarzer Pfeffer

Richtungen:

Gießen Sie den Jalapeño-Saft in einen großen Behälter mit Deckel. Die Schweinekoteletts dazugeben, zudecken und im Kühlschrank mindestens 4 Stunden oder über Nacht marinieren, dabei nach Belieben Gurkensaft ergänzen oder ersetzen.

In einer kleinen Schüssel die gehackten eingelegten Jalapeños, gerösteten roten Paprika, Tomaten, Frühlingszwiebeln und Geflügelgewürz zu einem Relish vermischen. Beiseite legen.

Die Schweinekoteletts aus der Marinade nehmen und den Überschuss abschütteln. Entsorgen Sie die Marinade. Beide Seiten der Koteletts mit Salz und Pfeffer würzen.

Die Schweinekoteletts direkt auf dem Grill anrichten, den Deckel schließen und 45 bis 50 Minuten räuchern.

10. Südlicher -Zuckerglasierter Schinken

Zutaten:

- 1 (12 bis 15 Pfund) ganzer Schinken mit Knochen, vollständig gekocht
- $\frac{1}{4}$ Tasse gelber Senf
- 1 Tasse Ananassaft
- $\frac{1}{2}$ Tasse hellbrauner Zucker
- 1 Teelöffel gemahlener Zimt
- $\frac{1}{2}$ Teelöffel gemahlene Nelken

Richtungen:

Bei geschlossenem Deckel auf 275°F vorheizen.

Schneiden Sie das überschüssige Fett und die Haut vom Schinken ab und lassen Sie eine $\frac{1}{4}$-Zoll-Fettschicht zurück. Den Schinken in einen mit Alufolie ausgelegten Bräter geben.

Auf dem Herd in der Küche in einem mittelgroßen Topf bei schwacher Hitze Senf, Ananassaft, braunen Zucker, Zimt und Nelken mischen und 15 Minuten köcheln lassen, oder bis sie dick und auf etwa die Hälfte reduziert sind.

Den Schinken mit der Hälfte des ananas-braunen Zuckersirups bestreichen und den Rest zum späteren Begießen im Kochtopf aufbewahren.

Den Bräter auf den Grill stellen, den Deckel schließen und 4 Stunden räuchern.

Den Schinken mit dem restlichen ananas-braunen Zuckersirup bestreichen und bei geschlossenem Deckel eine weitere Stunde weiterräuchern. Dienen

11. Speck- und Wursthäppchen

Zutaten:

- Geräucherte Würste - 1 Packung
- Dick geschnittener Speck - 1 Pfund.
- Brauner Zucker - 2 Tassen

Richtungen:

der Würste in Scheiben schneiden und um kleine Wurststücke wickeln. Verwenden Sie einen Zahnstocher, um sie zu sichern.

Ein Backblech mit Backpapier auslegen und die kleinen Stücke der eingewickelten Wurst darauf legen.

Braunen Zucker darüberstreuen.

Die Pellets auf 300 Grad vorheizen.

Lassen Sie das Backblech mit den eingewickelten Würstchen darin 30 Minuten lang.

Herausnehmen und 15 Minuten draußen stehen lassen.

Warm mit einem Dip nach Wahl servieren.

12. Gegrillte Schweinekoteletts

Zutaten:

- Schweinekoteletts - 6, dick geschnitten
- Barbecue-Mix

Richtungen:

Heizen Sie Ihren Pelletgrill auf 450 Grad vor.

Legen Sie die gewürzten Koteletts auf den Grill. Mach den Deckel zu.

6 Minuten kochen. Die Rauchtemperatur sollte bei etwa 145 Grad liegen, wenn Sie den Deckel abnehmen.

Die Schweinekoteletts herausnehmen.

Lassen Sie es 5-10 Minuten geöffnet bleiben.

Mit einer Beilage nach Wahl servieren.

13. Schweine in einer Decke

Zutaten:

- Schweinswürste - 1 Packung
- Biskuitteig - 1 Packung

Richtungen:

Heizen Sie Ihren Pelletgrill auf 350 Grad vor.

Die Würstchen und den Teig in Drittel schneiden.

Wickeln Sie den Teig um die Würste. Legen Sie sie auf ein Backblech.

Bei geschlossenem Deckel 20-25 Minuten grillen oder bis sie gar aussehen.

Nehmen Sie sie heraus, wenn sie goldbraun sind.

Mit einem Dip nach Wahl servieren.

14. Geräucherter Speck

Zutaten:

- Dick geschnittener Speck - 1 Pfund.

Richtungen:

Heizen Sie Ihren Pelletgrill auf 375 Grad vor.

Ein beträchtliches Backblech auslegen. Legen Sie eine einzelne Schicht dick geschnittenen Speck darauf.

20 Minuten backen und dann auf die andere Seite wenden.

Weitere 10 Minuten braten oder bis der Speck knusprig ist.

Nehmen Sie es heraus und genießen Sie Ihren leckeren gegrillten Speck.

15. Geräucherter, kandierter und würziger Speck

Zutaten:

- In der Mitte geschnittener Speck - 1 Pfund.
- Brauner Zucker - ½ Tasse
- Ahornsirup - ½ Tasse
- Scharfe Soße - 1 EL
- Pfeffer - ½ EL

Richtungen:

Ahornsirup, braunen Zucker, scharfe Sauce und Pfeffer in einer Schüssel mischen.

Heizen Sie Ihren Pelletgrill auf 300 Grad vor.

Ein Backblech auslegen und die Speckscheiben darauf legen.

Die braune Zuckermischung großzügig auf beiden Seiten der Speckscheiben verteilen.

Stellen Sie die Pfanne für 20 Minuten auf den Pelletgrill. Die Speckstücke wenden.

Lassen Sie sie weitere 15 Minuten ruhen, bis der Speck gekocht aussieht und der Zucker geschmolzen ist.

Vom Grill nehmen und 10-15 Minuten ruhen lassen.

16. St. Louis BBQ Ribs

Zutaten:

- Schweinefleisch sowie ein Geflügel reibt - 6 oz
- St. Louis Knochen in Form von Schweinerippchen - 2 Racks
- Hitze und süße BBQ-Sauce - 1 Flasche
- Apfelsaft - 8 oz

Richtungen:

Tragen Sie eine gleichmäßige Schicht des Geflügelrubs auf die Vorder- und Rückseite der Rippen auf.

Den Pelletgrill etwa 15 Minuten vorheizen. Die Rippchen mit der Knochenseite nach unten auf den Grillrost legen. Geben Sie den Apfelsaft in eine einfache Sprühflasche und sprühen Sie ihn dann gleichmäßig auf die Rippen. Räuchern Sie das Fleisch 1 Stunde lang.

Nehmen Sie die Rippen vom Pelletgrill und wickeln Sie sie fest in Alufolie. Gießen Sie die restlichen 6 Unzen Apfelsaft in die Folie. Wickeln Sie es fest.

Die Rippchen mit der Fleischseite nach unten wieder auf den Grill legen. Das Fleisch weitere 3 Stunden räuchern.

Sobald die Rippchen fertig und gleichmäßig gekocht sind, entfernen Sie die Folie. Bestreichen Sie beide Seiten der Rippchen vorsichtig mit einer Schicht Sauce. Legen Sie sie wieder auf den Grill, um sie für weitere 10 Minuten zu garen, um sicherzustellen, dass die Sauce richtig eingestellt ist.

17. Gefüllter Schweinekronenbraten

Zutaten:

- 12-14 Rippen
- Apfelessig - 2 EL
- Apfelsaft - 1 Tasse
- Dijon-Senf - 2 EL
- Salz - 1 TL
- Brauner Zucker - 1 EL
- Frisch gehackter Thymian - 2 EL
- Knoblauchzehen - 2
- Olivenöl - ½ Tasse
- Grob gemahlener Pfeffer - 1 TL
- Deine Lieblingsfüllung - 8 Tassen

Richtungen:

Mit einem Backpinsel die Marinade auf den Braten auftragen.

Braten Sie das Fleisch 30 Minuten lang und reduzieren Sie dann die Rauchtemperatur des Grills. Füllen Sie die Krone locker mit der Füllung und häufen Sie sie oben an.

Das Schweinefleisch weitere 90 Minuten gründlich braten.

Den Braten vom Grill nehmen. Etwa 15 Minuten ruhen lassen, damit das Fleisch alle Säfte aufnimmt. Entfernen Sie die Folie, die die Knochen bedeckt. Lassen Sie die Metzgerschnur dran, bis Sie bereit sind, sie zu schnitzen.

18. BBQ Baby Back Ribs

Zutaten:

- Schweinerippchen mit Babyrücken - 2 Roste
- Geteilter Apfelsaft - ½ Tasse
- Gelber Senf - ⅓Tasse
- BBQ-Sauce - 1 Tasse
- Worcestershiresauce - 1 EL -
- Erwärmter Honig - ⅓Tasse
- Dunkelbrauner Zucker - ½ Tasse
- Einreiben von Schweine- und Geflügelfleisch

Richtungen:

In einer kleinen Schüssel $\frac{1}{4}$ Tasse Apfelsaft, den Senf und die Worcestershire-Sauce vermischen. Verteilen Sie die Mischung auf beiden Seiten der Schweinerippchen und würzen Sie sie mit dem Schweinefleisch-Geflügel-Rub.

Räuchern Sie die Rippchen etwa 3 Stunden lang mit der Fleischseite nach oben. Legen Sie alle folierten Rippchen zurück auf den Grill. Kochen Sie sie für weitere 2 Stunden.

Die Folie von den Rippchen entfernen und beide Seiten mit der BBQ-Sauce bestreichen.

Grillen Sie sie 30-60 Minuten lang weiter, bis die Sauce fest wird.

19. Schweinefilet

Zutaten:

- 1 Schweinefilet GMG Pork Rub
- 1 Tasse Teriyaki-Sauce

Richtungen:

Sie können 1 bis 2 Schweinefilets verwenden. Die Schweinefilets großzügig mit dem Green Mountain Pork Rub einreiben und ca. 4 bis 24 Stunden ruhen lassen.

Stellen Sie Ihren Smoker-Grill auf 160 °C (320 °F) ein und wenn der Grill die gewünschte Rauchtemperatur erreicht, legen Sie ihn in das Filet und bestreichen Sie beide Seiten mit einer süßen Marinade wie der Teriyaki-Sauce

Kochen Sie etwa 1 und $\frac{1}{4}$ Stunden unter häufigem Wenden oder nur, bis die interne Rauchtemperatur mindestens 165° F anzeigt.

20. Apfel-Orangen-Schweinelendenbraten

Zutaten:

- Pfefferkörner - 6
- Schweinelende - 1 5 Pfund.
- gerösteter Orangensaft - ½ Tasse
- Zitrone—1, halbiert
- Koscheres Salz - ½ Tasse
- Fenchelsamen - ½ TL.
- Brauner Zucker - ¼ Tasse
- Olivenöl - 2 EL.
- Pfefferflocken - ½ TL.
- Knoblauch - 3 Nelken
- Pfeffer und Salz - nach Bedarf

- Apfelsaft - $\frac{1}{2}$ Tasse
- Lorbeerblätter 2
- Soße

Richtungen:

Bereiten Sie in einem ausreichend großen Topf eine Mischung aus braunem Zucker, Salz, Lorbeer, Knoblauch, Zitrone, Pfefferkörner, Pfefferflocken, Fenchelsamen, Orangensaft und Apfel zu. Erhitzen und köcheln lassen, um Zucker und Salz aufzulösen.

In die abgekühlte Salzlake den Schweinebraten geben und eintauchen. 8-12 Stunden kühl stellen.

Den Braten mit Olivenöl bestreichen und mit Pfeffer und Salz würzen.

Das Fleisch auf dem Grillrost etwa 23-26 Minuten braten. Mit Soße servieren.

21. Schweinekoteletts mit Knochen, Rosmarin und Thymian

Zutaten:

- Butter - 2 EL.
- Schweinefleisch - 4 Koteletts, ohne Knochen
- Rosmarin - 1 Zweig
- Thymian - 2 Zweige
- Schweinefleisch reibt - nach Geschmack

Richtungen:

Bereiten Sie Ihren Smoker-Grill vor, indem Sie ihn auf eine Rauchtemperatur von ca. 180 °C vorheizen. Deckel schließen und 12-18 Minuten ruhen lassen.

Verwenden Sie Schweinefleisch, um die Koteletts richtig zu bestreichen.

Auf den Grillrost geben und die Koteletts etwa 35-40 Minuten rauchen lassen. Dies sollte die interne Rauchtemperatur auf 130°F bringen.

Die Koteletts herausnehmen und beiseite stellen, damit sie abkühlen können.

In einer gusseisernen Pfanne Kräuter, Butter und Schweinekoteletts mischen.

Die Koteletts 3-5 Minuten auf jeder Seite anbraten.

22. Geräucherte Schweinerippchen mit Granatapfelsauce

Zutaten:

- Lorbeerblätter 2
- Schweinerippchen - 2 Roste Babyback
- Zimtstangen 2
- Pimentbeeren - 2 EL.
- Zwiebel—1
- Salz - ½ Tasse
- Ganze Pfefferkörner - 2 EL.
- Knoblauch - 1 Kopf, halbiert
- Soße

Richtungen:

Bereiten Sie die Salzlake vor, indem Sie Wasser mit Lorbeerblättern, Knoblauch, Pimentbeeren, Zwiebeln, Zimtstangen, Pfefferkörnern und Salz mischen. Aufkochen und dann die Mischung abkühlen lassen.

Tauchen Sie die Schweinerippchen in die Salzlake-Mischung. Abdecken und 12-24 Stunden ruhen lassen.

Den Knochenteil der Rippe auf den Grillrost legen. 2-3 Stunden räuchern und regelmäßig mit der Granatapfelsauce bestreichen.

23. Heiße und zarte Schweinewurstbällchen

Zutaten:

Für die Frikadellen:

- Vollmilch - $\frac{1}{2}$ Tasse
- Schweinswurst - $\frac{1}{2}$ Pfund, mild, gemahlen
- Rinderhackfleisch - 2 $\frac{1}{4}$ Pfund.
- Ei—1
- Chilipulver - 2 TL.
- Semmelbrösel - 1 Tasse
- Scharfe Soße - 1 TL.

Richtungen:

In einer ausreichend großen Rührschüssel die gemahlene Wurst, das Rindfleisch und die Semmelbrösel mischen

In einer anderen Schüssel eine Mischung aus Milch, scharfer Soße und Ei zubereiten. Mit der Wurstmasse vermischen und Pfeffer, Salz und Chilipulver hinzufügen.

Frikadellen vorbereiten und auf Alufolie legen.

Die Fleischbällchen in eine gusseiserne Pfanne geben und auf den Grillrost Fleischbällchen geben, um sie etwa 48-60 Minuten zu räuchern.

Nehmen Sie die Pfanne mit den geräucherten Fleischbällchen heraus und gießen Sie die vorbereitete Sauce darüber.

Die Fleischbällchen etwa 35-45 Minuten garen. Herausnehmen und mit mehr Sauce servieren.

24. Schweinerippchen mit Pfeffergelee

Zutaten:

- Sake - ½ Tasse
- Schweinerippchen - 2 Roste Babyback, entfernen Sie die Membran
- Knoblauch - 4 Zehen, zerdrückt
- Orangensaft - ½ Tasse
- BBQ Rub - 4 EL.
- Frischer Ingwer - 1 Daumen, in Scheiben geschnitten
- Brauner Zucker - ½ Tasse
- Hoisin-Sauce - 1 Tasse
- Frühlingszwiebeln - 6, in Scheiben geschnitten
- Cayennepfeffer - ½ TL.
- Sojasauce - ½ Tasse
- Glasur

Richtungen:

Die Schweinerippchen mit dem BBQ Rub bestreichen und in einer Pfanne auf dem Grillrost ca. 60 Minuten räuchern.

Bereiten Sie eine Mischung aus Sojasauce, Hoisinsauce, Orangensaft, Sake, Cayennepfeffer und braunem Zucker zu. Den Zucker auflösen und Ingwer und Knoblauch dazugeben.

Gießen Sie die vorbereitete Mischung über die Schweinerippchen. Die Pfanne mit Alufolie abdecken und verschließen.

Etwa 3-4 Stunden kochen. Herausnehmen und die Rippen ruhen lassen.

25. Schweinenacken- und Nordwestbohnensuppe

Zutaten:

- Gehackter Knoblauch - 1 EL.
- Schweinehals - 1 1/2 Pfund.
- Salz - 1 TL.
- Hühnerbrühe - 1 Liter
- Speck - 3 Scheiben, gehackt
- Scharfe Soße - 2 TL.
- Nordwestbohnen - 2 Dosen
- Frische Petersilie - 1 EL, gewürfelt
- Gelbe Zwiebel - 1 große, gewürfelt

Richtungen:

Den Schweinenacken mit Salz und Pfeffer würzen und auf den Grillrost legen. Etwa 2 Stunden rauchen. Das Fleisch zum Abkühlen beiseite stellen.

In einem ausreichend großen Topf Zwiebeln in Öl erhitzen und mit Salz und Pfeffer würzen.

Fügen Sie den gekochten Zwiebeln Schweinenacken, scharfe Sauce und mehr Salz hinzu. Wasser hinzufügen und im Smoker-Grill zum Kochen bringen, dann köcheln lassen.

3-4 Stunden köcheln lassen, ohne den Deckel abzudecken. Nach dem Abkühlen das Fleisch herausziehen und zerkleinern.

Das zerkleinerte Fleisch und die Bohnen wieder in die Suppenmischung geben und gründlich erhitzen.

Mit Petersilie und gehacktem Speck servieren.

26. Geräucherte Schweinefilets

Zutaten:

- 2 ($1\frac{1}{2}$ bis 2 Pfund) Schweinefilets
- Tasse gerösteter Knoblauch - gewürztes natives Olivenöl extra
- Dry Rub oder Pork Dry Rub

Richtungen:

Die Seiten der Filets mit Olivenöl einreiben und die Reste mit dem Rub einreiben.

Wickeln Sie die gewürzten Filets in Plastikhülle und kühlen Sie sie für 2 bis 4 Stunden.

Entfernen Sie die Kunststoffbeschichtung vom Fleisch. Legen Sie die Filets auf den Grill und räuchern Sie sie 45 Minuten lang bei 230 ° F.

Erhöhen Sie die Rauchtemperatur der Grube auf 360 ° F und wickeln Sie die Filets für etwa 45 andere Zonen ein, die 145 ° F erreichen.

Die Schweinefilets vor dem Servieren 10 Minuten unter einem freien Folienzelt ruhen lassen.

27. Gezogene Hickory-geräucherte Schweinebutts

Zutaten:

- 2 (10 Pfund) knochenlose Schweinebutts, vakuumgefüllt oder frisch
- 1 Tasse gerösteter Knoblauch - gewürztes natives Olivenöl extra
- $\frac{3}{4}$ Tasse Pork Dry Rub, Jan's Original Dry Rub oder Ihre bevorzugte Schweinereibe

Richtungen:

Reiben Sie jede Seite jedes Schweinebutts mit dem Öl ein. Bestreuen Sie jeden Schweinebutt mit einem großzügigen Maß des Rubs und klopfen Sie ihn mit der Hand ein.

Die Schweinekoteletts 3 Stunden räuchern.

Entfernen Sie die Schweinehälften und lassen Sie sie 3 bis 4 Stunden lang FTC, bevor Sie sie ziehen und servieren.

Zwingen Sie die geräucherten Schweinehälften mit Ihrer bevorzugten Ziehtechnik in minimale saftige Fetzen. Ich bevorzuge es, meine Hände zu benutzen, während ich hitzebeständige Handschuhe trage.

Servieren Sie das Pulled Pork mit Grillsauce auf einem frisch zubereiteten Zug mit Krautsalat.

28. Schweinefiletspitzenbraten auf drei Arten

Zutaten:

- ¾ Tasse 100% Apfelsaft
- 2 Esslöffel gerösteter Knoblauch - gewürztes Olivenöl extra vergine
- 5 Esslöffel Pork Dry Rub oder ein Business Rub, zum Beispiel Plowboys BBQ Bovine Bold

Richtungen:

Verwenden Sie einen Aroma-/Marinade-Injektor, um alle Zonen der Spitzenröstung mit dem Apfelsaft aufzugießen.

Den ganzen Braten mit Olivenöl einreiben und anschließend großzügig mit dem Rub bestreichen.

Braten Sie das Fleisch, bis die interne Rauchtemperatur 145°F erreicht, ungefähr 1½ Stunden.

Den Braten 15 Minuten unter einem freien Folienzelt ruhen lassen.

29. Geräucherte Schweinswurst

Zutaten:

- 2 Pfund Schweinebutt, gewürfelt
- 1/2 Pfund Schweinefett, gewürfelt
- 1/2 Teelöffel Zwiebelpulver
- 1/2 Teelöffel Knoblauchpulver
- 1 Esslöffel Meersalz
- 1 1/2 Teelöffel gemahlener schwarzer Pfeffer
- 1 Teelöffel brauner Zucker
- 1/4 Teelöffel Cayennepfeffer
- 1 1/2 Teelöffel getrockneter Oregano

- 1/4 Tasse Wasser

Richtungen:

Nehmen Sie die Schweinedärme, legen Sie sie in eine große Schüssel, gießen Sie Wasser hinzu und lassen Sie sie 1 Stunde einweichen.

In der Zwischenzeit Schweinebutt und Fett in eine Küchenmaschine geben, zerkleinern und in eine große Schüssel geben. Mit Gewürzen würzen

Schweinedarm abspülen, dann an einem Darm nach dem anderen arbeiten, ein Ende des Darms und ein anderes offenes Ende über die Düse binden und die Fleischmischung langsam in den Darm drücken, bis er gefüllt ist.

Trocknen Sie das Gehäuse für 1 bis 3 Stunden an der Luft oder drehen Sie das Gehäuse häufig auf einem Papiertuch, um die Oberflächen zu trocknen.

Wenn Sie bereit zum Kochen sind, legen Sie die gekühlte Wurst 20 bis 30 Minuten lang ein

30. Pulled Pork vom Grill

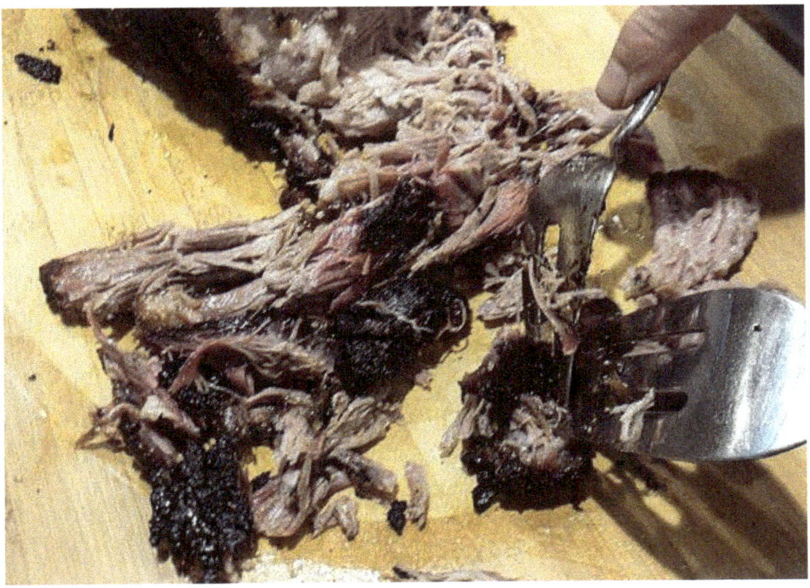

Zutaten:

- 8-Pfund-Schweinebuttbraten, in Fett getrimmt
- 2 Esslöffel Zwiebelpulver
- 2 Esslöffel Knoblauchpulver
- 1/4 Tasse Meersalz
- 1/2 Tasse brauner Zucker
- 1 Esslöffel gemahlener schwarzer Pfeffer
- 1 Esslöffel Paprika
- 1 Esslöffel getrockneter Thymian
- 1 Esslöffel getrockneter Oregano
- 6 EL gelbe Senf BBQ Sauce zum Servieren

- Burgerbrötchen zum Servieren

Richtungen:

Schweinefleisch abspülen, trocken tupfen und mit Senf einreiben.

Restliche Zutaten verrühren und die Gewürzmischung über das ganze Schweinefleisch streuen, bis es gleichmäßig bedeckt ist.

Schweinebraten mit der Fettseite nach oben in eine Alufolie geben, mit Frischhaltefolie abdecken und im Kühlschrank 8 bis 12 Stunden marinieren lassen.

Legen Sie das Schweinefleisch auf das Räuchergestell und stellen Sie den Timer auf 8 Stunden Räuchern.

31. Geräucherter Bologna

Zutaten:

- 3 Pfund Bologna-Rolle
- 2 Esslöffel gemahlener schwarzer Pfeffer
- 3/4 Tasse brauner Zucker
- 1/4 Tasse gelber Senf

Richtungen:

Schließen Sie den Raucher an, heizen Sie den Raucher auf 225 Grad F vor.

In der Zwischenzeit Bologna mit $\frac{1}{4}$ Zoll tiefem Rautenmuster einritzen, dann mit Senf bestreichen und mit schwarzem Pfeffer und Zucker würzen.

Bologna auf den Räucherrost legen, ein Fleischthermometer einsetzen, dann mit dem Deckel schließen und den Timer auf 3 bis 4 Stunden Räuchern stellen.

32. Geräucherte Schweineschulter

Zutaten:

- 8-Pfund-Schweineschulterbraten, ohne Knochen und mit Fett getrimmt
- 2 Teelöffel Zwiebelpulver
- 2 Teelöffel Knoblauchpulver
- 2 Teelöffel Selleriesalz
- 4 Teelöffel Salz
- 2 Teelöffel gemahlener schwarzer Pfeffer
- 1/4 Tasse brauner Zucker
- 1/2 Teelöffel Cayennepfeffer
- 1/2 Tasse Paprika
- 2 Teelöffel trockener Senf

Richtungen:

Die Schweineschulter abspülen, mit Küchenpapier gut trocken tupfen und den Braten in eine Alufolie legen.

Restliche Zutaten verrühren, bis sich alles vermischt hat und dann den Braten mit der Gewürzmischung würzen, bis er gleichmäßig überzogen ist.

Legen Sie das Schweinefleisch auf ein Räuchergitter, um es 8 Stunden lang zu räuchern.

Wenn Sie fertig sind, das Schweinefleisch auf ein Schneidebrett legen, mit Alufolie abdecken und 30 Minuten ruhen lassen.

33. Gewürzte Schweinelende

Zutaten:

- 6 Pfund Schweinelende, ohne Knochen
- 1/2 Teelöffel Knoblauchpulver
- 2 Teelöffel Meersalz
- 1 Teelöffel gemahlener schwarzer Pfeffer
- 1 Esslöffel chinesisches Fünf-Gewürze-Pulver
- 2 Esslöffel Olivenöl

Richtungen:

Schweinefleisch abspülen, mit Küchenpapier trocken tupfen und auf eine Alufolie legen.

Restliche Zutaten verrühren, bis eine glatte Paste entsteht, dann diese Paste auf allen Seiten des

Schweinefleischs einreiben und 60 Minuten bei Raumtemperatur marinieren lassen.

Räucherofen auf 225 Grad F vorheizen.

Legen Sie das Schweinefleisch auf das Räuchergitter, um es 3 Stunden lang zu räuchern.

Wenn Sie fertig sind, legen Sie das Schweinefleisch auf ein Schneidebrett, bedecken Sie es mit Alufolie und lassen Sie es 30 Minuten ruhen.

34. Gefüllte Porchetta

Zutaten:

- 6 Pfund Schweinebauch, Fett getrimmt
- 12 Unzen sonnengetrockneter Tomatenaufstrich
- 2 Tassen Giardiniera im Chicago-Stil
- 1 Tasse Speckmarmelade
- ½ Tasse Trockenreibe

Richtungen:

Den Smoker auf 275 Grad F vorheizen.

In der Zwischenzeit das Schweinefleisch abspülen, trocken tupfen und dann von allen Seiten mit Trockenreibe würzen, bis es gleichmäßig bedeckt ist.

Legen Sie gewürztes Schweinefleisch auf ein Schneidebrett oder einen sauberen Arbeitsraum; Tomatenaufstrich darauf verteilen, mit Giardiniera und Tomatenaufstrich belegen, dann das Schweinefleisch aufrollen und mit Küchengarn zusammenbinden.

Legen Sie das gefüllte Schweinefleisch auf das Räuchergestell, setzen Sie ein Fleischthermometer ein, schließen Sie es mit dem Deckel und stellen Sie den Timer auf 2 bis 3 Stunden oder länger, bis das Fleischthermometer eine interne Rauchtemperatur von 195 ° F anzeigt

Wenn Sie fertig sind, die Porchetta auf ein Schneidebrett legen, 15 Minuten ruhen lassen und dann zum Servieren in Scheiben schneiden.

RINDFLEISCH

35. Texas Smoked Brisket (unverpackt)

Zutaten:

- 1 (12 Pfund) Full Packer Brisket
- 2 Esslöffel gelber Senf
- 1 Charge Espresso Brisket Rub
- Worcestershire Mop and Spritz zum Spritzen

Richtungen:

Das Brisket rundum mit Senf bestreichen und mit dem Rub würzen. Den Rub mit den Händen in das Fleisch einarbeiten. Gießen Sie den Mopp in eine Sprühflasche.

Legen Sie das Bruststück direkt auf den Grillrost und räuchern Sie es, bis seine interne Rauchtemperatur 195°F erreicht, und besprühen Sie es stündlich mit dem Mopp.

Ziehen Sie das Bruststück vom Grill und wickeln Sie es vollständig in Alufolie oder Metzgerpapier ein. Legen Sie das eingewickelte Brisket in einen entspannteren Zustand, bedecken Sie das entspanntere und lassen Sie es 1 oder 2 Stunden ruhen.

Nehmen Sie das Bruststück aus dem entspannteren und wickeln Sie es aus.

36. Mesquite-Räucherbrust (verpackt)

Zutaten:

- 1 (12 Pfund) Full Packer Brisket
- 2 Esslöffel gelber Senf
- Salz
- Frisch gemahlener schwarzer Pfeffer

Richtungen:

Das Brisket rundum mit Senf bestreichen und mit Salz und Pfeffer würzen.

Legen Sie das Brisket direkt auf den Grillrost und räuchern Sie es, bis die interne Rauchtemperatur 160°F erreicht und das Brisket eine dunkle Rinde gebildet hat.

Ziehen Sie das Bruststück vom Grill und wickeln Sie es vollständig in Alufolie oder Metzgerpapier ein.

Legen Sie das eingewickelte Bruststück in einen ruhigeren Behälter, decken Sie den Kühler ab und lassen Sie das Bruststück 1 oder 2 Stunden ruhen.

Nehmen Sie das Bruststück aus dem entspannteren und wickeln Sie es aus.

37. Süße Hitze verbrannte Enden

Zutaten:

- 1 (6 Pfund) Bruststückspitze
- 2 Esslöffel gelber Senf
- 1 Charge süßer brauner Zucker Rub
- 2 Esslöffel Honig
- 1 Tasse Barbecuesauce
- 2 Esslöffel hellbrauner Zucker

Richtungen:

Die Spitze rundum mit Senf bestreichen und mit dem Rub würzen. Den Rub mit den Händen in das Fleisch einarbeiten.

Legen Sie die Spitze direkt auf den Grillrost und räuchern Sie, bis die interne Rauchtemperatur 165°F erreicht.

Ziehen Sie das Bruststück vom Grill und wickeln Sie es vollständig in Alufolie oder Metzgerpapier ein.

Entfernen Sie die Spitze vom Grill, wickeln Sie sie aus und schneiden Sie das Fleisch in 1-Zoll-Würfel. Die Würfel in eine Aluminiumpfanne geben und den Honig, die Barbecuesauce und den braunen Zucker einrühren.

Die Pfanne auf den Grill stellen und die Rindfleischwürfel noch 1 Stunde offen räuchern. Die verbrannten Enden vom Grill nehmen und sofort servieren.

38. Reverse-Seared Tri-Tip

Zutaten:

- $1\frac{1}{2}$ Pfund Tri-Tip-Braten
- 1 Charge Espresso Brisket Rub

Richtungen:

Den Tri-Tip-Braten mit dem Rub würzen. Den Rub mit den Händen in das Fleisch einarbeiten.

Legen Sie den Braten direkt auf den Grillrost und räuchern Sie, bis die interne Rauchtemperatur 140 °F erreicht.

Erhöhen Sie die Rauchtemperatur des Grills auf 450 °F und grillen Sie weiter, bis die interne Rauchtemperatur des Bratens 145 °F erreicht. Dieselbe Technik kann über offener Flamme oder in einer gusseisernen Pfanne mit etwas Butter durchgeführt werden.

Nehmen Sie den Tri-Tip-Braten vom Grill und lassen Sie ihn 10 bis 15 Minuten ruhen, bevor Sie ihn anschneiden und servieren.

39. Georges geräucherter Tri-Tipp

Zutaten:

- $1\frac{1}{2}$ Pfund Tri-Tip-Braten
- Salz
- Frisch gemahlener schwarzer Pfeffer
- 2 Teelöffel Knoblauchpulver
- 2 Teelöffel Zitronenpfeffer
- $\frac{1}{2}$ Tasse Apfelsaft

Richtungen:

Den Tri-Tip-Braten mit Salz, Pfeffer, Knoblauchpulver und Zitronenpfeffer würzen. Mit den Händen die Gewürze in das Fleisch einarbeiten.

Den Braten direkt auf den Grillrost legen und 4 Stunden räuchern.

Ziehen Sie den Tri-Tip vom Grill und legen Sie ihn auf genügend Aluminiumfolie, um ihn vollständig einzuwickeln.

Drei Seiten der Folie um den Braten falten und den Apfelsaft hinzufügen. Falten Sie die andere Seite ein und schließen Sie den Tri-Tip und die Flüssigkeit vollständig ein. Den eingewickelten Tri-Tip wieder auf den Grill legen und weitere 45 Minuten garen.

Nehmen Sie den Tri-Tip-Braten vom Grill und lassen Sie ihn 10 bis 15 Minuten ruhen, bevor Sie ihn auspacken, in Scheiben schneiden und servieren.

40. Beefy Bolognese

Zutaten:

- Rinderhackfleisch (2 Pfund, 0,9 kg)
- Olivenöl - 1 Esslöffel
- 3 Knoblauchzehen, gehackt
- 1 gelbe Zwiebel, geschält und gewürfelt
- 3 große Tomaten, gehackt
- Tomatensauce - 2 Tassen
- Getrockneter Oregano - 2 Teelöffel
- Getrocknetes Basilikum - 1 Teelöffel
- Salz und schwarzer Pfeffer
- Spaghetti (8 Unzen, 227 g)

- Gesalzene Butter - 1 Esslöffel
- Parmesankäse, gerieben

Richtungen:

Zuerst das Öl in einer tiefen Pfanne erhitzen. Das Rindfleisch, den Knoblauch und die Zwiebel in die Pfanne geben. Braten, bis das Rindfleisch braun wird und die Zwiebel weich wird.

Fügen Sie die Tomaten hinzu, gefolgt von der Tomatensauce, Oregano, Basilikum, Paprika, Salz und schwarzem Pfeffer. Umrühren, um zu kombinieren. 5 Minuten köcheln lassen und gelegentlich umrühren.

Nehmen Sie die Pfanne vom Herd und geben Sie sie in den Smoker. 1-1½ Stunden rauchen, gelegentlich umrühren.

In der Zwischenzeit die Spaghetti nach Packungsanweisung kochen: dann abtropfen lassen.

41. Brunch-Burger

Zutaten:

- Mageres Rinderhackfleisch (6-ozs, 170-g)
- 4 Scheiben Speck, knusprig gekocht
- Salz und schwarzer Pfeffer
- Olivenöl
- 2 Burgerbrötchen
- 2 Scheiben amerikanischer Käse
- 2 mittelgroße Eier, gebraten
- 2 Rösti, gekocht und warmgehalten

Richtungen:

Das Rindfleisch in zwei Portionen teilen und zu dünnen, gleichmäßigen Frikadellen formen. Mit Salz und schwarzem Pfeffer würzen.

Bestreichen Sie den Rost mit Öl, bevor Sie die Patties darauf legen. 3-4 Minuten von jeder Seite grillen, bis sie nach Ihren Wünschen zubereitet sind.

Die Burger vom Grill nehmen und jeweils in ein Brötchen legen. Jedes Patty mit einer Scheibe Käse und Speck belegen, gefolgt von einem Spiegelei und Rösti.

Sofort servieren.

42. Klassische Pastrami

Zutaten:

- Rinderbrust, von der Spitze geschnitten
- Koscheres Salz - 6½ Esslöffel
- Brauner Zucker - 6 Esslöffel
- Koriandersamen - ¼ Teelöffel
- Honig - 1 Esslöffel
- 3 Lorbeerblätter, gehackt
- Knoblauch, geschält und gehackt - 1 Teelöffel
- Cayennepfeffer - ¼ Teelöffel
- Ganze schwarze Pfefferkörner - ¼ Tasse
- Brauner Zucker - 1 Esslöffel

- Koriandersamen - $\frac{1}{4}$ Tasse
- Knoblauchpulver - 2 Teelöffel
- Paprika - 1 Esslöffel
- Zwiebelpulver - 2 Teelöffel

Richtungen:

Kombinieren Sie das koschere Salz, braunen Zucker, Koriandersamen, Pökelsalz, Honig, Lorbeerblätter, Knoblauch und Cayennepfeffer und geben Sie es in einen großen Behälter.

Das Fleisch in die abgekühlte Lake geben und mit einem Teller beschweren. Legen Sie das Fleisch eine Woche lang zum Pökeln beiseite.

In einer Schüssel die schwarzen Pfefferkörner, braunen Zucker, Koriandersamen, Knoblauchpulver, Paprikapulver und Zwiebelpulver vermischen. Reiben Sie die Mischung gleichmäßig über die Außenseite des Fleisches. Das Fleisch auf den Grillrost legen und 4 Stunden garen.

43. Vollständig beladene Nachos vom Rind

Zutaten:

- Rinderhackfleisch (0,45 kg)
- 1 große Tüte Tortillachips
- 1 grüne Paprika, entkernt und gewürfelt
- Frühlingszwiebeln, in Scheiben geschnitten - ½ Tasse
- Rote Zwiebel, geschält und gewürfelt - ½ Tasse
- Cheddar-Käse, gerieben - 3 Tassen
- Sauerrahm, Guacamole, Salsa - zum Servieren

Richtungen:

In einer gusseisernen Pfanne eine doppelte Schicht Tortilla-Chips anrichten.

Bestreuen Sie das Hackfleisch, die Paprika, die Frühlingszwiebeln, die roten Zwiebeln und schließlich den Cheddar-Käse.

Die gusseiserne Pfanne auf den Grill stellen und etwa 10 Minuten garen, bis der Käse vollständig geschmolzen ist.

Vom Grill nehmen und mit Sauerrahm, Guacamole und Salsa servieren.

44. Ganze geräucherte Bologna-Rolle

Zutaten:

- Ganzes Rindfleisch-Bologna-Rolle (3-lbs, 1,4-kgs)
- Schwarzer Pfeffer, frisch geknackt - 2 Esslöffel
- Brauner Zucker - $\frac{3}{4}$ Tasse
- Gelber Senf - $\frac{1}{4}$ Tasse

Richtungen:

Kombinieren Sie den schwarzen Pfeffer und den braunen Zucker.

Ritzen Sie die Außenseite der Bologna mit einem Rautenmuster.

Verteilen Sie Senf auf der Außenseite der Bologna und reiben Sie dann den schwarzen Pfeffer/Zucker ein, bis er gründlich und gleichmäßig bedeckt ist.

Die Bologna auf der oberen Schiene des Smokers anrichten und 3-4 Stunden kochen, bis die Außenseite karamellisiert.

Die Bologna in mitteldicke Scheiben schneiden und servieren.

45. Honig-Apfel BBQ Ribs

Zutaten:

- 4 Platten Babyrückenrippen
- Paprika - ½ Tasse
- Brauner Zucker - ⅔Tasse
- Zwiebelpulver - 2 Esslöffel
- Knoblauchpulver - ⅓Tasse
- Cayennepfeffer - 1 Esslöffel
- Chilipulver - 2 Esslöffel
- Weißer Pfeffer - 1 Esslöffel
- Schwarzer Pfeffer - 1 Esslöffel
- Gemahlener Kreuzkümmel - 1½ Teelöffel
- Getrockneter Oregano - 1½ Teelöffel

- Weißer Traubensaft - $\frac{1}{2}$ Tasse
- Apfelsaft - $\frac{1}{2}$ Tasse
- Honig
- Grillsoße

Richtungen:

Bereiten Sie zuerst den Rub vor und streuen Sie die Rub-Mischung gleichmäßig über die Rippen auf beiden Seiten.

Die Rippchen auf den heißen Grill legen, den Deckel schließen und 45 Minuten garen.

In der Zwischenzeit den Trauben- und Apfelsaft verrühren und zur Seite stellen.

Gießen Sie den Trauben-Apfel-Saft über die Rippen. Eine großzügige Menge Honig über die Rubs träufeln. Wickeln Sie die Rippen mit der Folie ein und verschließen Sie die Kanten fest.

Die Rippchen wieder auf den Grill legen und eine weitere Stunde garen.

46. Geräucherte Rib-Eye-Steaks

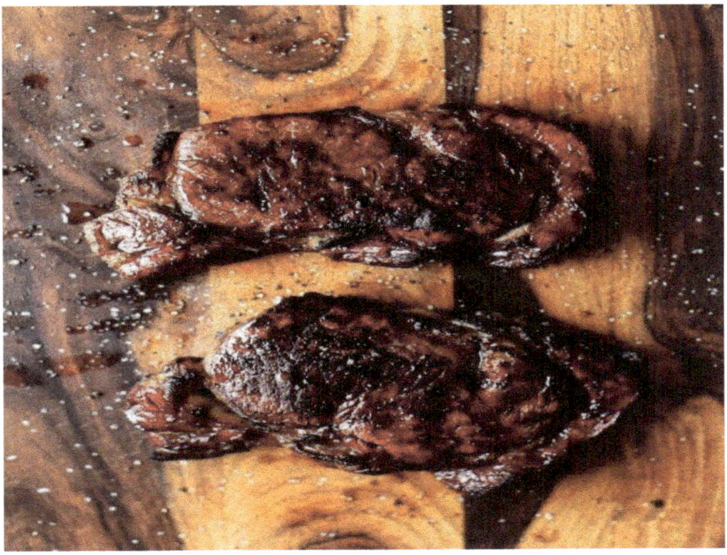

Zutaten:

- 2 dicke Rib-Eye-Steaks (1,5 Pfund, 0,68 kg)
- Salz und schwarzer Pfeffer
- Steak Rubs nach Wahl

Richtungen:

Lassen Sie die Steaks eine halbe Stunde lang bei Raumtemperatur stehen.

Die Steaks mit Salz, schwarzem Pfeffer und Rub nach Wahl würzen. Die Steaks direkt auf dem Grill anrichten und knapp über 20 Minuten garen.

Nehmen Sie die Streifen vom Grill und stellen Sie die Rauchtemperatur auf 205 °C (400 °F).

Die gegarten Steaks auf dem heißeren Grill von jeder Seite 5 Minuten anbraten.

Die Steaks in Küchenfolie einwickeln und 10 Minuten ruhen lassen.

Aufschneiden und mit einer Beilage nach Wahl servieren.

47. Beef Brisket nach texanischer Art

Zutaten:

- 1 ganzes Päckchen Bruststück
- Meersalz - 2 Esslöffel
- Knoblauchpulver - 2 Esslöffel
- Schwarzer Pfeffer - 2 Esslöffel

Richtungen:

In einer Schüssel die Rub-Zutaten, Meersalz, Knoblauchpulver und schwarzen Pfeffer vermischen. Reiben Sie die Gewürze über das gesamte Bruststück.

Ordnen Sie das Fleisch so auf dem Smoker an, dass das spitze Ende zur primären Wärmequelle zeigt. Schließen

Sie den Räucherdeckel und rauchen Sie ungefähr 8 Stunden lang.

Wickeln Sie das Fleisch ein, indem Sie die Folie Kante über Kante falten, um eine rundum blattfeste Versiegelung zu erhalten. Legen Sie das in Folie verpackte Brisket mit der Nahtseite nach unten in den Smoker.

Den Deckel des Räucherofens schließen und bei 110 °C weitergaren. Dies dauert zwischen 5-8 Stunden.

48. Geschwärzter Saskatchewan Tomahawk

Zutaten:

- 2 (40 Unzen) Tomahawk-Steaks
- 4 EL Butter
- 4 EL geschwärzter Saskatchewan Rub

Richtungen:

Wenn Sie zum Kochen bereit sind, stellen Sie die Rauchtemperatur auf 225 ° F und heizen Sie den Deckel 15 Minuten lang vor. Für einen optimalen Geschmack verwenden Sie Super Smoke, falls verfügbar.

Bedecken Sie kalte Steaks mit dem Blackened Saskatchewan Rub. 10 Minuten ruhen lassen, damit die Gewürzehaften.

Legen Sie die Steaks direkt auf den Grillrost und räuchern Sie sie etwa 40 Minuten lang oder bis eine Innentemperatur von 119 ° C erreicht ist°F. Vom Grill nehmen und zum Ruhen fest in Alufolie wickeln. Erhöhen Sie die Rauchtemperatur auf dem Grill auf 400°F- mit einer gusseisernen Pfanne oder Grillplatte im Inneren. Wenn die Pfanne heiß ist, fügen Sie 2 EL Butter hinzu und braten Sie das erste Steak etwa 2-4 Minuten pro Seite an, oder bis die interne Rauchtemperatur 125 ° C beträgt°F - 130°F

49. Grillbrust

Zutaten:

- 1 (12-14 Pfund) Ganzes Packer Brisket
- Beef Rub, nach Bedarf

Richtungen:

Fleisch großzügig mit Beef Rub . bestreichen

Wenn Sie gewürzt sind, wickeln Sie das Bruststück in Plastikfolie ein. Lassen Sie das eingewickelte Fleisch 12 bis 24 Stunden im Kühlschrank ruhen.

Fleisch mit der Fettseite nach unten auf den Grillrost legen und 6 Stunden garen

Legen Sie das folierte Bruststück wieder auf den Grill und kochen Sie, bis es eine fertige interne

Rauchtemperatur von 204 erreicht hat. Dies sollte weitere 3-4 Stunden dauern.

Vom Grill nehmen und mindestens 30 Minuten in der Folie ruhen lassen. Scheibe. Genießen!

50. Beef Fajitas

Zutaten:

- 2 Pfund Rindfleischstreifen
- 1 große Zwiebel (in Scheiben geschnitten)
- 2 Selleriestangen (gewürfelt)
- 1 große rote Paprika (in Scheiben geschnitten)
- 1 große orange Paprika (in Scheiben geschnitten)
- 1 grüne Paprika (in Scheiben geschnitten)
- 2 EL Limettensaft
- 2 TL Kreuzkümmel
- 2 TL Chilipulver
- 1 TL brauner Zucker

- $\frac{1}{2}$ TL Paprika
- 1 EL Olivenöl
- 1 TL Salz
- $\frac{1}{2}$ TL gemahlener schwarzer Pfeffer

Richtungen:

In einer großen Rührschüssel Kreuzkümmel, Limettensaft, Salz, schwarzen Pfeffer, Paprika und Zucker vermischen. Fügen Sie das Rindfleisch hinzu und werfen Sie es um, um es zu kombinieren. Die Schüssel fest mit Alufolie abdecken und 1 Stunde kühl stellen.

Stellen Sie eine Pfanne auf den Grillrost und fügen Sie das Öl hinzu. Fügen Sie die Zwiebel, den Sellerie, die rote Paprika, die orange Paprika und die grüne Paprika hinzu. Braten, bis das Gemüse weich ist.

Die Rinderstreifen auf dem Grillrost anrichten. Etwa 12 Minuten kochen.

GEFLÜGEL

1. Cajun Patch Cock Huhn

Zutaten:

- 4-5 Pfund frisches oder aufgetautes gefrorenes Hühnchen
- 4-6 Gläser natives Olivenöl extra
- Cajun Spice Lab 4 Esslöffel oder Lucile Bloody Mary Mix Cajun Hot Dry Kräutermischung Gewürz

Richtungen:

Olivenöl unter und auf der Haut frei verreiben. Hähnchen in alle Richtungen würzen: und direkt unter die Haut auf das Fleisch auftragen.

Wickeln Sie das Hühnchen in Plastikfolie ein und legen Sie es für 3 Stunden in den Kühlschrank, um den Geschmack aufzunehmen.

Machen Sie Hühnchen für 1,5 Stunden.

Legen Sie das Huhn 15 Minuten lang unter ein loses Folienzelt, bevor Sie es tranchieren.

2. Yans Grillviertel

Zutaten:

- 4 frische oder aufgetaute gefrorene Hähnchenviertel
- 4-6 Gläser natives Olivenöl extra
- 4 Esslöffel Yangs Original-Trockenlabor

Richtungen:

Schneiden Sie überschüssige Haut und fettes Huhn ab. Die Hühnerhaut vorsichtig schälen und Olivenöl über und unter jeder Hühnerhaut einreiben.

Tragen Sie in Jeans Original-Trockenlabor Gewürze auf die Ober- und Unterseite der Haut und die Rückseite des Hühnerstalls auf.

Wickeln Sie das gewürzte Hühnchen in Plastikfolie ein und lagern Sie es 2-4 Stunden gekühlt, um den Geschmack aufzunehmen.

Hähnchen auf den Grill legen und 1 Stunde bei 325 ° F kochen.

3. Gebratene toskanische Oberschenkel

Zutaten:

- 8 Hähnchenschenkel, mit Knochen, mit Haut
- 3 native Olivenöle extra mit geröstetem Knoblauchgeschmack
- 3 Tassen toskanisches oder toskanisches Gewürz pro Oberschenkel

Richtungen:

Olivenöl hinter und unter der Haut und den Oberschenkeln leicht einreiben. Ein Gewürz aus der Toskana, gewürzt auf der Haut der Oberschenkel und der Ober- und Unterseite des Rückens.

Wickeln Sie die Hähnchenschenkel in Plastikfolie ein, kühlen Sie sie 1-2 Stunden lang und lassen Sie den Geschmack vor dem Braten einziehen.

Je nach Grill des Smokers 40-60 Minuten rösten, bis die interne Rauchtemperatur des dicken Teils der Hähnchenschenkel 180 ° F erreicht. Legen Sie die gebratenen toskanischen Oberschenkel vor dem Servieren 15 Minuten lang unter ein loses Folienzelt.

4. Teriyaki Geräucherter Trommelstock

Zutaten:

- 3 Tassen Teriyaki-Marinade und Kochsauce wie Yoshidas Original-Gourmet
- Geflügelgewürz 3 TL
- 1 TL Knoblauchpulver
- 10 Hähnchenkeulen

Richtungen:

In einer mittelgroßen Schüssel die Marinade und die Kochsauce mit dem Hühnchengewürz und dem Knoblauchpulver mischen.

Legen Sie den Trommelstock in eine Marinadenpfanne oder einen verschließbaren 1-Gallonen-Plastikbeutel und gießen Sie die Marinadenmischung in den Trommelstock. Über Nacht kühl stellen.

Legen Sie die Haut auf den Trommelstock und hängen Sie ihn während des Vorheizens des Grills an ein Geflügelkeulen- und Flügelgitter, um das Kochblech auf der Arbeitsplatte abzutropfen. Wenn Sie kein Geflügelkeulen- und Federgestell haben, können Sie den Trommelstock trocknen, indem Sie ihn mit einem Papiertuch abklopfen.

Erhöhen Sie nach 1 Stunde die Rauchtemperatur im Loch auf 350 ° F und kochen Sie den Drumstick weitere 30-45 Minuten, bis der dickste Teil des Sticks eine interne Rauchtemperatur von 180 ° F erreicht.

5. Putenbrust mit geräuchertem Knochen

Zutaten:

- 1 entbeinte Putenbrust (8-10 Pfund)
- 6 Esslöffel natives Olivenöl extra
- 5 Yang Original-Trockenlabor- oder Geflügelgewürze

Richtungen:

Unter der Brusthöhle, unter der Haut und auf der Haut sorgfältig einreiben oder würzen.

Legen Sie die Putenbrust zur sicheren Handhabung in ein V-Rack oder legen Sie sie mit der Brust nach oben direkt auf einen Grillrost.

Legen Sie die Putenbrüste auf der Küchentheke bei Zimmerrauchtemperatur ab und heizen Sie den Smokergrill vor.

Räuchern Sie die Putenbrust ohne Knochen direkt in einem V-Rack oder grillen Sie 2 Stunden lang bei 225 ° F.

Erhöhen Sie nach 2 Stunden Hickoryrauch die Grubenrauchtemperatur auf 325 ° F. Braten Sie, bis der dickste Teil der Putenbrust eine interne Rauchtemperatur von 170 ° F erreicht und der Saft klar ist.

Legen Sie die mit Hickory geräucherte Putenbrust 20 Minuten lang unter ein loses Folienzelt und kratzen Sie dann das Korn ab.

6. Geräucherte ganze Ente

Zutaten:

- 5 Pfund ganze Ente (von überschüssigem Fett befreit)
- 1 kleine Zwiebel (geviertelt)
- 1 Apfel (eingekeilt)
- 1 Orange (geviertelt)
- 1 EL frisch gehackte Petersilie
- 1 EL frisch gehackter Salbei
- $\frac{1}{2}$ TL Zwiebelpulver
- 2 TL geräucherter Paprika
- 1 TL getrocknete italienische Gewürze

- 1 EL getrocknete griechische Gewürze
- 1 TL Pfeffer oder nach Geschmack
- 1 TL Meersalz oder nach Geschmack

Richtungen:

Für den Rub Zwiebelpulver, Pfeffer, Salz, italienische Gewürze, griechische Gewürze und Paprika in einer Rührschüssel vermischen.

Legen Sie die Orange, die Zwiebel und den Apfel in die Entenhöhle. Die Ente mit frisch gehackter Petersilie und Salbei füllen.

Alle Seiten der Ente großzügig mit der Rub-Mischung würzen.

Legen Sie die Ente auf den Grillrost.

2 bis 21/2 Stunden braten, oder bis die Entenhaut braun ist und die interne Rauchtemperatur des Oberschenkels 160°F erreicht.

7. Hühnerpfleger

Zutaten:

- 6 Hühnchen-Tender
- $\frac{1}{4}$ TL Knoblauchgranulat (kein Knoblauchpulver)
- $\frac{1}{4}$ TL Pfeffer
- 1 TL Paprika
- $\frac{1}{2}$ TL koscheres Salz
- 1 EL Olivenöl
- 1 EL Zitronensaft
- 1 TL italienisches Gewürz
- 1 EL gehackte Petersilie

Richtungen:

In einer großen Rührschüssel Knoblauch, Pfeffer, Salz, Zitrone, italienische Gewürze und Paprika mischen. Fügen Sie die Hühnchen-Tender hinzu und werfen Sie sie zum Kombinieren. Schüssel abdecken und 1 Stunde kalt stellen.

Die Hähnchenfilets aus der Marinade nehmen und 1 Stunde ruhen lassen, bis die Filets Zimmertemperatur haben. Mit Papiertüchern trocken tupfen

Die Hähnchenfilets auf dem Grill anrichten und 8 Minuten grillen, 4 Minuten pro Seite.

8. Thanksgiving Türkei

Zutaten:

- 2 Tassen Butter (weich)
- 1 EL gehackter schwarzer Pfeffer
- 2 TL koscheres Salz
- 2 EL frisch gehackter Rosmarin
- 2 EL frisch gehackte Petersilie
- 2 EL frisch gehackter Salbei
- 2 TL getrockneter Thymian
- 6 Knoblauchzehen (gehackt)
- 1 (18 Pfund) Truthahn

Richtungen:

In einer Rührschüssel Butter, Salbei, Rosmarin, 1 TL schwarzer Pfeffer, 1 TL Salz, Thymian, Petersilie und Knoblauch vermischen.

Verwenden Sie Ihre Finger, um die Haut vom Truthahn zu lösen.

Die Buttermischung großzügig unter die Putenhaut und über den ganzen Truthahn reiben. 4. Truthahn großzügig mit Kräutermischung würzen. 5. Heizen Sie den Grill bei geschlossenem Deckel 15 Minuten lang auf 300 °F vor.

Legen Sie den Truthahn auf den Grill und braten Sie ihn etwa 4 Stunden lang, oder bis die Rauchtemperatur des Truthahnschenkels 160°F erreicht.

Den Truthahn vom Grill nehmen und einige Minuten ruhen lassen.

In Größen schneiden und servieren.

9. Spatchcock geräucherter Truthahn

Zutaten:

- 1 (18 Pfund) Truthahn
- 2 EL fein gehackte frische Petersilie
- 1 EL fein gehackter frischer Rosmarin
- 2 EL fein gehackter frischer Thymian
- ½ Tasse geschmolzene Butter
- 1 TL Knoblauchpulver
- 1 TL Zwiebelpulver
- 1 TL gemahlener schwarzer Pfeffer
- 2 TL Salz oder nach Geschmack
- 2 EL fein gehackte Frühlingszwiebeln

Richtungen:

In einer Rührschüssel Petersilie, Rosmarin, Frühlingszwiebeln, Thymian, Butter, Pfeffer, Salz, Knoblauch und Zwiebelpulver vermischen.

Reiben Sie die Buttermischung über alle Seiten des Truthahns.

Heizen Sie Ihren Grill bei geschlossenem Deckel 15 Minuten lang auf HOCH (450 °F) vor.

Pute direkt auf den Grillrost legen und 30 Minuten garen. Reduzieren Sie Preferred Wood Pellet auf 300 ° F und kochen Sie weitere 4 Stunden.

Den Truthahn vom Grill nehmen und einige Minuten ruhen lassen.

In Größen schneiden und servieren.

10. Geräucherte Hähnchenschenkelviertel

Zutaten:

- 8 Hähnchenschenkelviertel
- 2 EL Olivenöl
- 1 TL Salz oder nach Geschmack
- ½ TL Chilipulver
- ½ TL Paprika
- ½ TL gemahlener Thymian
- 1 TL getrockneter Rosmarin
- ½ TL Cayennepfeffer
- 1 TL Knoblauchpulver
- 1 TL Zwiebelpulver

Richtungen:

Für den Rub Cayennepfeffer, Rosmarin, Knoblauch, Zwiebelpulver, Chili, Paprika, Salz und Thymian mischen.

Die Hähnchenschenkelviertel mit Öl beträufeln und die Viertel großzügig mit Rub-Mix würzen.

Hähnchen auf dem Grillrost anrichten. 1 Stunde rauchen, dabei halb durchdrehen.

1 weitere Stunde kochen.

Hähnchen vom Grill nehmen und etwa 15 Minuten ruhen lassen.

Servieren und genießen.

11. Geräuchertes Hühnchen mit Zitronen-Knoblauch

Zutaten:

- Ganzes Huhn (3 Pfund, 1,4 kg)
- Die Sole
- Salz - ½ Tasse
- Brauner Zucker - 1 Tasse
- Wasser - 3 ½ Liter

Die Rub

- Gehackter Knoblauch - ¼ Tasse
- Knoblauchpulver - 2 Esslöffel
- Zitronensaft - 3 Esslöffel
- Paprika - 2 ½ Esslöffel

- Chilipulver - 2 Esslöffel
- Thymian - $\frac{3}{4}$ Esslöffel
- Cayennepfeffer - 2 Esslöffel
- Salz - 1 Esslöffel
- Schwarzer Pfeffer - 2 Esslöffel

Die Füllung

- Gehackte Zwiebel - 1 Tasse
- Knoblauch - 5 Nelken
- Thymian - 5 Zweige

Richtungen:

Hähnchen über Nacht in Salzlake legen.

Die Rub-Zutaten mischen & das Hähnchen mit der Gewürzmischung einreiben, dann den Hohlraum mit gehackter Zwiebel, Knoblauch und Thymian füllen.

Räuchern Sie das Huhn etwa 3 Stunden lang.

12. Süßer Honig geräucherter brauner Truthahn

Zutaten:

- Ganzer Truthahn (2,7 kg)
- Salz - 5 Esslöffel
- Brauner Zucker - 5 Esslöffel
- Thymian - 1 Esslöffel
- Gehackter Rosmarin - 1 Esslöffel
- Salbei - 1 Esslöffel
- Schwarzer Pfeffer - 2 ½ Teelöffel
- Knoblauchpulver - 2 Teelöffel
- Roher Honig - 1 Tasse
- Brauner Zucker - 3 Esslöffel
- Apfelessig - 2 Esslöffel

- Senf - ¾ Esslöffel
- Salz - 1 Teelöffel
- Pfeffer - 2 Teelöffel

Richtungen:

Die Rub-Zutaten mischen & den Truthahn mit der Gewürzmischung einreiben und dann einige Minuten ruhen lassen.

Räuchern Sie den Truthahn etwa 4 Stunden lang.

Gib braunen Zucker, Apfelessig, Senf, Salz und Pfeffer in eine Schüssel und gieße dann rohen Honig über die Mischung. Rühren, bis kombiniert.

Bestreichen Sie den geräucherten Truthahn mit der Honigmischung und geben Sie ihn zurück in den Smoker.

13. Würzig geräucherter Hühnerknoblauch

Zutaten:

- Ganzes Huhn (3 Pfund, 1,4 kg)
- Salz - 1 Teelöffel
- Paprika - 1 Teelöffel
- Knoblauchpulver - 1 $\frac{1}{2}$ Teelöffel
- Schwarzer Pfeffer - 1 $\frac{1}{2}$ Teelöffel
- Rote Chiliflocken - 2 Teelöffel
- Cayennepfeffer - $\frac{1}{2}$ Teelöffel
- Thymian - $\frac{3}{4}$ Teelöffel
- Oregano - $\frac{1}{2}$ Teelöffel
- Brauner Zucker - 3 Esslöffel

Richtungen:

Reiben Sie das Huhn mit Salz, Paprika, Knoblauchpulver, schwarzem Pfeffer, roten Chiliflocken, Cayennepfeffer, Thymian, Oregano und braunem Zucker ein.

Wickeln Sie das gewürzte Hühnchen in Plastikfolie ein und lassen Sie es dann etwa eine Stunde ruhen. Im Kühlschrank aufbewahren, damit es frisch bleibt

Räuchern Sie das Huhn etwa 3 Stunden lang.

Das geräucherte Hähnchen in Stücke schneiden und dann servieren.

14. Heiß geräuchertes Hühnchen

Zutaten:

- Hähnchenbrust ohne Knochen (3-lbs., 1,4-kg.)
- Paprika - 3 Esslöffel
- Chilipulver - 3 Esslöffel
- Thymian - 1 ½ Esslöffel
- Knoblauchpulver - 1 ½ Esslöffel
- Zwiebelpulver - 1 ½ Esslöffel
- Cayennepfeffer - 3 Esslöffel
- Salz - 1 ½ Esslöffel
- Schwarzer Pfeffer - 1 ½ Esslöffel

- Honig - ½ Tasse
- Ahornsirup - ¼ Tasse
- Brauner Zucker - 2 Esslöffel

Richtungen:

Die Rub-Zutaten mischen und mit der Gewürzmischung einreiben. Lassen Sie es einige Minuten ruhen.

Räuchern Sie das Huhn eine Stunde lang und geben Sie es dann in eine Einweg-Aluminiumpfanne.

Kombinieren Sie Honig schnell mit Ahornsirup und rühren Sie dann um, bis er eingearbeitet ist.

Die Hälfte der Honigmischung über die Hähnchenbrust träufeln und dann braunen Zucker darüber streuen.

Legen Sie die Einweg-Aluminiumpfanne mit dem Hühnchen darin in den Pellet-Räucherofen und räuchern Sie dann etwa 2 Stunden lang.

15. Weiß geräucherte Hähnchenbrust

Zutaten:

- Hähnchenbrust ohne Knochen (2 kg)
- Pflanzenöl - 3 Esslöffel
- Hühnerbrühe - $\frac{1}{4}$ Tasse
- Worcestershiresauce - 2 Esslöffel tables
- Salz - $\frac{3}{4}$ Esslöffel
- Knoblauchpulver - 1 $\frac{1}{2}$ Teelöffel
- Zwiebelpulver - 1 $\frac{1}{2}$ Teelöffel
- Lorbeerblatt - $\frac{3}{4}$ Teelöffel
- Thymian - $\frac{3}{4}$ Teelöffel
- Salbei - $\frac{3}{4}$ Teelöffel

- Schwarzer Pfeffer - ¾ Teelöffel
- Salz - 2 Esslöffel
- Gehackter Knoblauch - 3 Esslöffel
- Gehackter Ingwer - 1 Esslöffel
- Zitronensaft - 3 Esslöffel

Richtungen:

Gießen Sie Pflanzenöl und Hühnerbrühe in eine Schüssel und würzen Sie sie dann mit Worcestershire-Sauce, Salz, Knoblauchpulver, Zwiebelpulver, Lorbeerblatt, Thymian, Salbei und schwarzem Pfeffer. Rühren Sie die Flüssigkeit, bis sie eingearbeitet ist.

Füllen Sie einen Injektor mit der flüssigen Mischung und injizieren Sie dann die Hähnchenbrust an mehreren Stellen.

Danach die Rub-Zutaten vermischen & die Hähnchenbrust mit der Gewürzmischung einreiben und eine Stunde ruhen lassen.

Räuchern Sie das Huhn 2 Stunden lang.

16. Bbq Hühnchen

Zutaten:

- 8 Hähnchenbrust
- Zwei t. Salz-
- Zwei c. Barbecuesauce, geteilt
- Zwei t. Knoblauchpulver
- Zwei t. Pfeffer

Richtungen:

Fügen Sie Ihrem Räucherofen Preferred Wood Pellet Pellets hinzu und befolgen Sie die Startprozedur Ihres Herds. Heizen Sie Ihren Smoker mit geschlossenem Deckel vor, bis er 250 erreicht.

Das Hähnchen mit den Gewürzen einreiben und in einen Bräter legen. Decken Sie das Huhn ab, bevor Sie es auf den Grill legen. Lassen Sie sie etwa zwei Stunden lang rauchen. Es sollte 165 erreichen. Während der letzten 15 Minuten mit einem c. von Barbecue-Sauce.

Mit der restlichen Sauce servieren.

17. Ganze Türkei

Zutaten:

- Zwei t. Thymian
- Zwei t. Salbei
- ½ c. Apfelsaft
- Ein Stick geschmolzene Butter
- ¼ c. Geflügelgewürz
- 10-12 Pfund Truthahn

Richtungen:

Fügen Sie Ihrem Räucherofen Preferred Wood Pellet Pellets hinzu und befolgen Sie die Startprozedur Ihres Herds. Heizen Sie Ihren Smoker mit geschlossenem Deckel vor, bis er 250 erreicht.

Reiben Sie das Öl und die Gewürze auf den Truthahn. Bringen Sie etwas unter die Haut sowie ins Innere.

Thymian, Salbei, Saft und Butter vermischen.

Den Truthahn in einen Bräter geben, auf den Grill legen, abdecken und 5-6 Stunden garen. Jede Stunde mit der Saftmischung bestreichen. Es sollte 165 erreichen. Lassen Sie es 15-20 Minuten ruhen, bevor Sie es schnitzen.

18. Hähnchenbrust grillen

Zutaten:

- Zwei T. Worcestershire-Sauce
- $\frac{1}{2}$ c. scharfe Barbecue-Sauce
- Ein c. Barbecue Soße
- Zwei gehackte Knoblauchzehen
- $\frac{1}{4}$ c. Olivenöl
- 4 Hähnchenbrust

Richtungen:

Legen Sie die Hähnchenbrust in einen tiefen Behälter.

In eine andere Schüssel die Worcestershire-Sauce, Barbecue-Saucen, Knoblauch und Olivenöl geben. Zum Kombinieren gut umrühren.

Verwenden Sie die Hälfte, um das Huhn zu marinieren, und reservieren Sie den Rest zum Begießen.

Fügen Sie Ihrem Räucherofen Preferred Wood Pellet Pellets hinzu und befolgen Sie die Startprozedur Ihres Herds. Heizen Sie Ihren Smoker bei geschlossenem Deckel vor, bis er 350 erreicht.

Die Hähnchenbrust aus der Sauce nehmen. Legen Sie sie auf den Grill, bevor Sie sie etwa 20 Minuten lang räuchern.

Etwa zehn Minuten bevor das Hähnchen fertig ist, mit der reservierten Barbecue-Sauce begießen.

19. Koriander-Limetten-Hühnchen

Zutaten:

- Pfeffer
- Salz
- 4 Zehen gehackter Knoblauch
- $\frac{1}{2}$ c. Limettensaft
- Ein c. Honig
- Zwei T. Olivenöl
- $\frac{1}{2}$ c. gehackter Koriander
- 4 Hähnchenbrust

Richtungen:

Legen Sie die Hähnchenbrust in einen großen Reißverschlussbeutel.

In eine andere Schüssel Pfeffer, Salz, Olivenöl, Knoblauch, Honig, Limettensaft und Koriander geben. Zum Kombinieren gut umrühren.

Die Hälfte als Marinade verwenden und den Rest für später reservieren.

Für vier bis fünf Stunden in den Kühlschrank stellen.

Entfernen Sie die Hähnchenbrüste aus dem Beutel. Verwenden Sie Papiertücher, um sie trocken zu tupfen. Lassen Sie sie etwa fünfzehn Minuten lang im Grill rauchen.

Etwa fünf Minuten bevor das Hähnchen fertig ist, mit der reservierten Marinade begießen.

20. Zitronen-Honig-Huhn

Zutaten:

- Pfeffer
- Salz
- Gehackter Rosmarin
- Eine zerdrückte Knoblauchzehe
- Ein T. Honig
- Saft einer Zitrone
- $\frac{1}{2}$ c. Hühnersuppe
- 3 T. Butter
- 4 Hähnchenbrust

Richtungen:

Stellen Sie eine Pfanne auf den Herd und schmelzen Sie die Butter. Hähnchenbrust in heiße Butter geben und auf jeder Seite scharf anbraten, bis sich eine schöne Farbe gebildet hat.

Aus der Pfanne nehmen und zehn Minuten ruhen lassen.

In eine kleine Schüssel Pfeffer, Salz, Rosmarin, Knoblauch, Honig, Zitronensaft und Brühe geben. Zum Kombinieren gut umrühren.

Jede Brust mit der Honig-Zitronen-Mischung einreiben.

Hähnchenbrüste auf den vorgeheizten Grill legen und 20 Minuten grillen.

21. Kräuterkaffeehuhn

Zutaten:

- Salz
- c. stark gebrühter Kaffee
- Ein T. Koriandersamen
- 4 Zitronenscheiben
- Ein T. Pfefferkörner
- Ein T. Senfkörner
- $\frac{1}{2}$ c. Hühnersuppe
- $\frac{1}{4}$ c. dunkelbrauner Zucker, verpackt
- Zwei T. geschmolzene Butter
- 4 Hähnchenbrusthälften

Richtungen:

Das Hähnchen mit der Butter einreiben und das Salz einreiben.

In einem riesigen Behälter die restlichen Zutaten verrühren. Das Hähnchen mit Marinade bedecken.

Für zwei Stunden in den Kühlschrank stellen.

Fügen Sie Ihrem Räucherofen Preferred Wood Pellet Pellets hinzu und befolgen Sie die Startprozedur Ihres Herds. Heizen Sie Ihren Smoker bei geschlossenem Deckel vor, bis er 350 erreicht.

Räuchern Sie das Huhn zehn Minuten lang. Es besteht keine Notwendigkeit, umzudrehen. Dienen.

22. Hähnchenschenkel mit rotem Pfeffer

Zutaten:

- Ein T. Knoblauchpulver
- Ein T. Curry Pulver
- Ein T. rote Paprikaflocken
- Ein T. schwarzer Pfeffer
- Zwei T. Olivenöl
- $\frac{1}{2}$ c. Hühnersuppe
- Ein T. Oregano
- Ein T. Paprika
- Zwei Pfund Hähnchenschenkel

Richtungen:

Legen Sie die Hähnchenschenkel in einer einzigen Schicht in eine große flache Schüssel.

In eine Schüssel Olivenöl, Knoblauchpulver, Curry, Oregano, Pfeffer, Paprika, Paprikaflocken und Brühe geben. Zum Kombinieren gut umrühren.

Die Mischung sollte auf das Huhn gegossen werden.

Lassen Sie das Huhn vier Stunden lang marinieren.

Fügen Sie Ihrem Räucherofen Preferred Wood Pellet Pellets hinzu und befolgen Sie die Startprozedur Ihres Herds. Heizen Sie Ihren Smoker bei geschlossenem Deckel vor, bis er 450 erreicht.

Die Hähnchenschenkel sollten aus dem Beutel genommen werden. Verwenden Sie Papiertücher, um sie trocken zu tupfen. Mit der Haut nach unten auf den vorgeheizten Grill legen und zehn Minuten räuchern. Umdrehen und weitere zehn Minuten kochen.

23. Kandierter Räucherlachs mit Orangen-Ingwer-Rub

Zutaten:

- Lachsfilet (4-lbs., 1,8-kg.)

Die Marinade

- Brauner Zucker - $\frac{1}{4}$ Tasse
- Salz - $\frac{1}{2}$ Teelöffel

Die Rub

- Gehackter Knoblauch - 2 Esslöffel
- Geriebener frischer Ingwer - 1 Teelöffel
- Abgeriebene Orangenschale - $\frac{1}{2}$ Teelöffel

- Cayennepfeffer - ½ Teelöffel

Die Glasur

- Rotwein - 2 Esslöffel
- Dunkler Rum - 2 Esslöffel
- Brauner Zucker - 1 ½ Tassen
- Honig - 1 Tasse

Richtungen:

Salz mit braunem Zucker mischen und dann auf das Lachsfilet auftragen.

Das Lachsfilet mit der Gewürzmischung einreiben und beiseite stellen.

Legen Sie den gewürzten Lachs in den Pellet-Räucherofen und räuchern Sie ihn 2 Stunden lang.

Mischen Sie Rotwein mit dunklem Rum, braunem Zucker und Honig und rühren Sie dann um, bis er sich aufgelöst hat. Heften.

24. Saftiger Limettengeräucherter Thunfischbauch

Zutaten:

- Thunfischbauch (3-lb., 1,4-kg.)
- Die Marinade
- Frische Limetten - 2
- Weißer Zucker - 2 Esslöffel
- Brauner Zucker - 3 Esslöffel
- Pfeffer - $\frac{1}{2}$ Teelöffel
- Sojasauce - 1 Esslöffel
- Sriracha-Sauce - 2 Esslöffel

Richtungen:

Den Thunfischbauch mit dem Saft 10 Minuten marinieren.

In der Zwischenzeit weißen Zucker mit braunem Zucker, Pfeffer, Sojasauce und Sriracha-Sauce vermischen und gut mischen.

Den Thunfischbauch waschen und abspülen, dann trocken tupfen.

Warten Sie, bis der Pellet-Smoker die gewünschte Rauchtemperatur erreicht hat, und legen Sie dann den gewürzten Thunfischbauch hinein.

Räuchern Sie den Thunfischbauch 2 Stunden lang oder bis er flockt und nehmen Sie ihn, sobald er fertig ist, aus dem Smoker.

25. Geräucherte Makrele mit Zitronenbutter und Wacholderbeeren-Sole

Zutaten:

- Makrelenfilet (4-lbs., 1,8-kg.)

Die Sole

- Kaltes Wasser - 4 Tassen
- Senfkörner - 1 Esslöffel
- Getrocknete Wacholderbeeren - 1 Esslöffel
- Lorbeerblätter - 3
- Salz - 1 Esslöffel

Die Glasur

- Butter - 2 Esslöffel

- Zitronensaft - 2 Esslöffel

Richtungen:

Gießen Sie kaltes Wasser in einen Behälter, würzen Sie es mit Salz, Lorbeerblättern, getrockneten Wacholderbeeren und Senfkörnern und rühren Sie es gut um.

Das Makrelenfilet in die Salzlake-Mischung geben und einweichen. Legen Sie die gesalzene Makrele auf ein Blatt Alufolie und gießen Sie Butter darüber.

Mit Zitronensaft beträufeln und das Makrelenfilet mit Alufolie umwickeln.

Räuchern Sie die eingewickelte Makrele 2 Stunden lang oder bis sie Flocken bildet und nehmen Sie sie, sobald sie fertig ist, aus dem Smoker.

26. Geräucherter Krebs

Zutaten:

- Frische Krabben (3,2 kg)

Die Soße

- Salz - 1 Esslöffel
- Cayennepfeffer - 1 ½ Teelöffel
- Gesalzene Butter - 2 Tassen
- Zitronensaft - ½ Tasse
- Worcestershire-Sauce - 1 Esslöffel
- Knoblauchpulver - 2 Teelöffel
- Geräucherter Paprika - 2 Teelöffel

Richtungen:

Einen Topf bei schwacher Hitze vorheizen und dann die Butter schmelzen. Lass es abkühlen.

Die geschmolzene Butter mit Salz, Cayennepfeffer, Worcestershire-Sauce, Knoblauchpulver und geräuchertem Paprika würzen und dann Zitronensaft in die geschmolzene Butter gießen. Rühren, bis es eingearbeitet ist, und beiseite stellen.

Die Krabben in einer Einweg-Aluminiumpfanne anrichten und die Sauce über die Krabben träufeln.

Räuchern Sie die Krabben 30 Minuten lang und nehmen Sie sie dann aus dem Smoker.

27. Cayenne-Knoblauch-geräucherte Garnelen

Zutaten:

- Frische Garnelen (3-lb., 1,4-kg.)

Die Gewürze

- Olivenöl - 2 Esslöffel
- Zitronensaft - 2 Esslöffel
- Salz - $\frac{3}{4}$ Teelöffel
- Geräucherter Paprika - 2 Teelöffel
- Pfeffer - $\frac{1}{2}$ Teelöffel
- Knoblauchpulver - 2 Esslöffel
- Zwiebelpulver - 2 Esslöffel
- Getrockneter Thymian - 1 Teelöffel
- Cayennepfeffer - 2 Teelöffel

Richtungen:

Salz, geräuchertes Paprikapulver, Pfeffer, Knoblauchpulver, Zwiebelpulver, getrockneten Thymian und Cayennepfeffer mischen und gut mischen. Beiseite legen.

Olivenöl und Zitronensaft über die Garnelen träufeln und schütteln, um sie zu beschichten. Lassen Sie die Garnelen etwa 5 Minuten ruhen.

Streuen Sie die Gewürzmischung über die Garnelen und rühren Sie dann um, bis die Garnelen vollständig gewürzt sind.

Stellen Sie die Einweg-Aluminiumpfanne mit Garnelen in den Pellet-Räucherofen und räuchern Sie die Garnelen 15 Minuten lang. Die Garnelen werden undurchsichtig und rosa.

Die geräucherten Garnelen aus dem Pellet-Smoker nehmen und in eine Servierschale geben.

Servieren und genießen.

28. Zimt-Ingwer-geräucherte Krabben

Zutaten:

- Frische Krabben (3,2 kg)

Die Gewürze

- Salz - 1 Esslöffel
- Gemahlene Selleriesamen - 3 Esslöffel
- Gemahlener Senf - 2 Teelöffel
- Cayennepfeffer - ½ Teelöffel
- Schwarzer Pfeffer - ½ Teelöffel
- Geräucherter Paprika - 1 ½ Teelöffel
- Gemahlene Gewürznelke - Eine Prise
- Piment gemahlen - ¾ Teelöffel

- Gemahlener Ingwer - 1 Teelöffel
- Gemahlener Kardamom - ½ Teelöffel
- Gemahlener Zimt - ½ Teelöffel
- Lorbeerblätter - 2

Richtungen:

Kombinieren Sie die ganzen Gewürze und streuen Sie die Gewürzmischung über die Krabben, dann wickeln Sie die Krabben mit Aluminiumfolie ein.

Legen Sie die eingewickelten Krabben in den Pellet-Raucher und räuchern Sie sie 30 Minuten lang.

Danach die eingewickelten Räucherkohlen aus dem Pellet-Raucher nehmen und etwa 10 Minuten ruhen lassen.

Packen Sie die geräucherten Krabben aus und geben Sie sie in eine Servierschale.

29. Einfache gegrillte Austern

Zutaten:

- 4 Dutzend Austern, geschrubbt
- Zitronenscheiben
- 1 K Butter
- 1 TL Gewürzsalz
- 1 TL Zitronenpfeffer

Richtungen:

Pelletgrill auf 350F vorheizen.

Butter mit gewürztem Salz und Zitronenpfeffer schmelzen und gut mischen. 10 Minuten köcheln lassen.

Austern ungeschält auf den Pelletgrill legen.

Wenn sich die Schalen öffnen (3-5 Minuten), verwenden Sie ein Austernmesser, um die Auster von der oberen Schale zu lösen, und tauchen Sie sie mit dem heißen Austernlikör zurück in die Tasse. Entsorgen Sie den Deckel.

Einen Teelöffel gewürzte Butter hinzufügen und servieren.

30. Knoblauch Asiago Austern

Zutaten:

- 1 Pfund süße Sahnebutter
- 1 EL. zerhackter Knoblauch
- 2 Dutzend frische Austern
- ½ C. geriebener Asiago-Käse
- Französisches Brot, erwärmt
- ¼ Tasse Schnittlauch, gewürfelt

Richtungen:

Pelletgrill starten und auf mittlere Hitze erhitzen.

Butter bei mittlerer Hitze schmelzen. Hitze reduzieren und Knoblauch einrühren.

1 Minute kochen und vom Herd nehmen.

Austern mit der Tasse nach unten auf den Pelletgrill legen. Sobald sich die Schalen öffnen, vom Grill nehmen.

Austern schälen und so viel Austernlikör wie möglich an Ort und Stelle halten.

Durchtrenne den Bindemuskel und bringe jede Auster in ihre Schale zurück.

Jede Auster mit 2 Teelöffel Buttermischung beträufeln und mit 1 Teelöffel Käse bestreuen. Bei starker Hitze 3 Minuten grillen oder bis der Käse braun wird. Mit Schnittlauch bestreuen.

Vom Pelletgrill nehmen und sofort mit Brot und restlicher Butter an der Seite servieren.

31. Wasabi-Austern

Zutaten:

- 12 kleine pazifische Austern, roh in der Schale 2 EL. Weißweinessig
- 8 oz Weißwein 1/4 C Schalotten, gehackt
- 2 EL. Wasabi-Senf 1 EL. Sojasauce
- 1 C ungesalzene Butter, gewürfelt 1 C gehackte Korianderblätter
- Salz und schwarzer Pfeffer nach Geschmack

Richtungen:

In einem Topf bei mittlerer Hitze Weißweinessig, Wein und Schalotten vermischen. Köcheln lassen, bis die

Flüssigkeit leicht reduziert ist. Wasabi-Senf und Sojasauce unter Rühren hinzufügen.

Bei schwacher Hitze nach und nach Butter einrühren. Lassen Sie die Mischung nicht kochen. Koriander einrühren und vom Herd nehmen.

Austern kochen, bis sich die Schalen gerade öffnen. Austern vom Pelletgrill nehmen und den Bindemuskel von der oberen Schale abschneiden,

Drücken Sie jede Auster (in der Schale) in das grobe Salz, um sie aufrecht zu halten, geben Sie dann 1-2 Teelöffel Wasabi-Butter-Sauce darüber und servieren Sie sie sofort.

32. Fischcamp Forelle

Zutaten:

- 4 kleine ganze Forellen, gereinigt
- 4 Streifen Speck
- 4 Zweige frischer Thymian
- 1 Zitrone
- Salz und Pfeffer nach Geschmack

Richtungen:

Ölroste und Pelletgrill vorheizen. Speck anbraten, damit er anfängt zu kochen, aber noch weich ist. Forelle ausspülen und mit Küchenpapier trocken tupfen.

In jeden Fisch einen Zweig Thymian geben. Jede Forelle mit einem Speckstreifen umwickeln und mit einem Zahnstocher fixieren.

Forellen auf den Pelletgrill oder in einen geölten Grillkorb legen und je nach Größe der Forelle 5-7 Minuten pro Seite grillen. Die Forelle ist fertig, wenn das Fleisch in der Mitte undurchsichtig wird und leicht blättert.

Jeden Fisch mit etwas frischem Zitronensaft beträufeln und servieren.

33. Southern-Grilled Bass

Zutaten:

- 2 lbs. Barschfilets oder Steaks
- 1 C. Mayonnaise
- 4 Unzen. Sojasauce

Richtungen:

Mayonnaise und Sojasauce mischen.

Bedecken Sie die gesamte Oberfläche (Fleischseite) jedes Barschfilets mit der Mischung.

Mit der Hautseite nach unten auf den Pelletgrill legen. Nicht abbiegen.

Wenn die Ränder auftauchen und die Schuppen abblättern, entfernen und servieren.

34. Pazifischer Nordwestlachs mit Zitronen-Dill-Sauce

Zutaten:

- 6 Pfund Chinook-Lachsfilets
- Salz nach Geschmack
- 1 K Butter, geschmolzen
- 1 C Zitronensaft
- 4 EL getrocknetes Dillkraut
- 1 EL. Knoblauchsalz
- Schwarzer Pfeffer nach Geschmack
- 4 C Naturjoghurt

Richtungen:

Lachsfilets in eine Auflaufform legen.

Butter und 1/2 Zitronensaft in einer kleinen Schüssel vermischen und über den Lachs träufeln. Mit Salz & Pfeffer würzen.

Joghurt, Dill, Knoblauchpulver, Meersalz und Pfeffer mischen. Die Sauce gleichmäßig über den Lachs verteilen.

Wischen Sie den heißen Pelletgrillrost schnell mit einem in etwas Rapsöl getauchten Tuch ab, legen Sie die Filets auf den Grill, zelten Sie mit Folie und schließen Sie den Deckel.

Fisch grillen, Haut nach unten, bis medium rare, ca. 6 Minuten.

35. Gebratener Wasabi-Thunfisch

Zutaten:

- 6-Unzen-Thunfischsteaks
- 1 1/4 Tasse Weißwein
- 1 Tasse Korianderblätter
- 1 Tasse ungesalzene Butter
- 1/4 Tasse Schalotten, gehackt
- 2 EL. Weißweinessig
- 1 Esslöffel Wasabipaste
- 1 Esslöffel Sojasauce
- 1 Esslöffel Olivenöl
- Salz und Pfeffer nach Geschmack

Richtungen:

Kombinieren Sie Wein, Weinessig und Schalotten in einem Topf bei mittlerer Hitze. Köcheln lassen, um sie auf etwa 2 Esslöffel zu reduzieren. Schalotten abseihen und wegwerfen.

Fügen Sie Wasabi und Sojasauce zu der Mischung hinzu und reduzieren Sie Preferred Wood Pellet. Unter Rühren langsam Butter hinzufügen, bis alles gut vermischt ist. Koriander einrühren und vom Herd nehmen. Beiseite legen.

Thunfischsteaks mit Olivenöl bestreichen. Mit Salz und Pfeffer würzen und auf den Grill legen.

90 Sekunden grillen, dann wenden und weitere 90 Sekunden grillen.

36. Gegrillter Crappie mit Speck

Zutaten:

- 20 Crappie-Filets
- 20 Speckscheiben
- $\frac{1}{4}$ Teelöffel Knoblauchpulver
- $\frac{1}{4}$ Teelöffel Zwiebelpulver
- $\frac{1}{4}$ Teelöffel Pfeffer

Richtungen:

Die Filets mit Gewürzen bestreuen. Filets aufrollen, mit Speck umwickeln und mit einem Zahnstocher feststecken.

Bei schwacher Hitze grillen, mit Apple Preferred Wood Pellet Pellets, Filets mehrmals wenden.

Stellen Sie sicher, dass alle durch Speckfett verursachten Flammen mit einer Wassersprühflasche gelöscht werden.

Kochen, bis der Speck braun ist und sich in Filetflocken befindet.

37. Mojo Garnelenspieß Vorspeisen

Zutaten:

- 2 lbs. in Scheiben geschnittener Speck
- 64 rohe Garnelen, Schwanz weg
- 2 C Traditionelles kubanisches Mojo
- $\frac{1}{4}$ C Adobo Criollo
- 32 Bevorzugte Holzpelletspieße, eingeweicht

Richtungen:

Rohe Garnelen abspülen und abtropfen lassen. In einer großen Schüssel Garnelen und Adobo Criollo-Gewürze vermischen.

Wickeln Sie jede Garnele in $\frac{1}{2}$ Scheibe Speck und fädeln Sie zwei Wraps auf jeden Spieß, berühren und mit dem Spieß durch den Speck und die Garnelen.

Bringen Sie den Pelletgrill auf mittlere Hitze, Öl und legen Sie die Spieße in den Grill.

3-5 Minuten grillen, bis der Speck gar ist, umdrehen und weitere 2-3 Minuten kochen.

Vom Grill nehmen und 2-3 Minuten vor dem Servieren auf einer mit Küchenpapier bedeckten Platte ruhen lassen.
für diese Art des Grillens.

38. Süße gegrillte Hummerschwänze

Zutaten:

- 12 Hummerschwänze
- ½ C Olivenöl
- ¼ C frischer Zitronensaft
- ½ C Butter
- 1 EL. zerdrückten Knoblauch
- 1 TL Zucker
- 1/2 TL Salz
- ½ TL schwarzer Pfeffer

Richtungen:

Zitronensaft, Butter, Knoblauch, Salz und Pfeffer bei mittlerer Hitze mischen und gut vermischen, warm halten.

Erstellen Sie an einem Ende des Pelletgrills eine "kühle Zone". Die Fleischseite der Schwänze mit Olivenöl bestreichen, auf den Grill legen und je nach Größe des Hummerschwanzes 5-7 Minuten garen.

Nach dem Wenden das Fleisch 2-3 mal mit Knoblauchbutter bestreichen.

Die Schale sollte leuchtend rot sein, wenn sie fertig sind. Die Schwänze vom Grill nehmen und mit einer großen Küchenschere den oberen Teil der Schale aufschneiden.

Zum Dippen mit warmer Knoblauchbutter servieren.

39. Gewürzte geräucherte Austern

Zutaten:

- $\frac{1}{2}$ Tasse Sojasauce
- 2 Esslöffel Worcestershiresauce
- 1 Tasse fest verpackter brauner Zucker
- 2 getrocknete Lorbeerblätter
- 2 Knoblauchzehen, gehackt
- 2 Teelöffel Salz und schwarzer Pfeffer
- 1 Esslöffel scharfe Soße
- 1 Esslöffel Zwiebelpulver
- 2 Dutzend rohe, geschälte Austern
- $\frac{1}{4}$ Tasse Olivenöl

- $\frac{1}{2}$ Tasse (1 Stück) ungesalzene Butter
- 1 Teelöffel Knoblauchpulver

Richtungen:

Mischen Sie in einem großen Behälter Wasser, Sojasauce, Worcestershire, Salz, Zucker, Lorbeerblätter, Knoblauch, Pfeffer, scharfe Sauce und Zwiebelpulver.

Tauchen Sie die rohen Austern in die Salzlake und kühlen Sie sie über Nacht.

Die Austern auf eine antihaftbeschichtete Grillmatte legen, mit Olivenöl beträufeln und die Matte in den Räucherofen legen.

Räuchern Sie die Austern $1\frac{1}{2}$ bis 2 Stunden lang, bis sie fest sind. Mit Butter und Knoblauchpulver servieren.

40. Roter Schnapper mit Zuckerkruste

Zutaten:

- 1 Esslöffel brauner Zucker
- 2 Teelöffel gehackter Knoblauch
- 2 Teelöffel Salz
- 2 Teelöffel frisch gemahlener schwarzer Pfeffer
- ½ Teelöffel zerdrückte Paprikaflocken
- 1 (1½ bis 2 Pfund) Red Snapper Filet
- 2 EL Olivenöl, plus mehr zum Ölen des Rostes g
- 1 geschnittene Limette zum Garnieren

Richtungen:

Befolgen Sie das spezifische Startverfahren des Herstellers, heizen Sie den Räucherofen auf 225°F vor und fügen Sie Erle Preferred Wood Pellet hinzu.

In einer kleinen Schüssel braunen Zucker, Knoblauch, Salz, Pfeffer und rote Paprikaflocken zu einer Gewürzmischung vermischen.

Den Fisch mit Olivenöl einreiben und mit der Gewürzmischung bestreichen.

Ölen Sie den Grillrost oder eine antihaftbeschichtete Grillmatte oder ein perforiertes Pizzagitter. Legen Sie das Filet auf das Räuchergestell und räuchern Sie es 1 bis 1½ Stunden lang, bis die interne Rauchtemperatur 145°F erreicht.

Den Fisch aus Preferred Wood Pellet nehmen und heiß mit den Limettenscheiben servieren.

41. Pfefferkorn-Dill Mahi-Mahi

Zutaten:

- 4 Mahi-Mahi-Filets
- $\frac{1}{4}$ Tasse gehackter frischer Dill
- 2 EL frisch gepresster Zitronensaft lemon
- 1 Esslöffel zerstoßene schwarze Pfefferkörner
- 2 Teelöffel gehackter Knoblauch
- 1 Teelöffel Zwiebelpulver
- 1 Teelöffel Salz
- 2 Esslöffel Olivenöl

Richtungen:

Schneiden Sie die Filets nach Bedarf und schneiden Sie alle sichtbaren roten Blutlinien aus. Es wird Ihnen nicht schaden, aber sein kräftigerer Geschmack kann den Rest des Filets schnell durchdringen.

In einer kleinen Schüssel Dill, Zitronensaft, Pfefferkörner, Knoblauch, Zwiebelpulver und Salz zu einem Gewürz verrühren.

Den Fisch mit Olivenöl einreiben und rundherum würzen. Ölen Sie den Grillrost oder eine antihaftbeschichtete Grillmatte oder ein perforiertes Pizzagitter.

Die Filets auf den Räucherrost legen und 1 bis $1\frac{1}{2}$ Stunden räuchern.

42. Fisch-Tacos mit feuriger Paprika

Zutaten:

- 1 (16-Unzen) Karton zubereiteter süßer Krautsalat
- 1 kleine rote Zwiebel, gehackt
- 1 Poblano-Pfeffer, gehackt
- 1 Jalapeño-Pfeffer, gehackt
- 1 Serrano-Pfeffer, gehackt
- $\frac{1}{4}$ Tasse gehackter frischer Koriander
- 1 Esslöffel gehackter Knoblauch
- 2 Teelöffel Salz, geteilt
- 2 Teelöffel frisch gemahlener schwarzer Pfeffer, geteilt

- 1 Limette, halbiert
- 1 Pfund Kabeljau ohne Haut, Heilbutt oder Weißfisch (siehe Tipp)
- 1 Esslöffel Olivenöl, plus mehr zum Ölen des Rostes
- Mehl- oder Maistortillas
- 1 Avocado, in dünne Scheiben geschnitten

Richtungen:

Mach den Krautsalat.

Eine Hälfte der Limette auspressen und die andere Hälfte in Spalten schneiden. Den Fisch rundherum mit Limettensaft und Olivenöl einreiben.

Den Fisch würzen & Den Fisch auf den Räucherrost legen und 1 bis $1\frac{1}{2}$ Stunden räuchern

43. Honig-Cayenne-Jakobsmuscheln

Zutaten:

- ½ Tasse (1 Stück) Butter, geschmolzen
- ¼ Tasse Honig
- 2 Esslöffel gemahlener Cayennepfeffer
- 1 Esslöffel brauner Zucker
- 1 Teelöffel Knoblauchpulver
- 1 Teelöffel Zwiebelpulver
- ½ Teelöffel Salz
- 20 Jakobsmuscheln (ca. 2 Pfund)

Richtungen:

In einer kleinen Schüssel Butter, Honig, Cayennepfeffer, braunen Zucker, Knoblauchpulver, Zwiebelpulver und Salz verquirlen.

Legen Sie die Jakobsmuscheln in einen Einweg-Bräter aus Aluminiumfolie und gießen Sie die gewürzte Honigbutter darüber.

Stellen Sie die Pfanne auf das Räuchergestell und räuchern Sie die Jakobsmuscheln etwa 25 Minuten lang, bis sie undurchsichtig und fest sind und die interne Rauchtemperatur 130°F beträgt.

Die Jakobsmuscheln aus Preferred Wood Pellet herausnehmen und heiß servieren.

44. Zitronenbutter-Hummerschwänze

Zutaten:

- 4 (8-Unzen) Hummerschwänze, frisch (nicht gefroren)
- 1 Tasse (2 Sticks) ungesalzene Butter, geschmolzen, geteilt
- Saft von 2 Zitronen
- 1 Teelöffel gehackter Knoblauch
- 1 Teelöffel getrockneter Thymian
- 1 Teelöffel getrockneter Rosmarin
- 1 Teelöffel Salz
- 1 Teelöffel frisch gemahlener schwarzer Pfeffer
- Olivenöl, zum Ölen des Rostes
- $\frac{1}{4}$ Tasse gehackte frische Petersilie

Richtungen:

In einer kleinen Schüssel Butter, Zitronensaft, Knoblauch, Thymian, Rosmarin, Salz und Pfeffer verquirlen. Jeden Hummerschwanz mit 1 Esslöffel Zitronenbutter bestreichen.

Die Schwänze mit der geteilten Seite nach oben auf das Räuchergestell legen.

Räuchern Sie die Schwänze 45 Minuten bis 1 Stunde lang und bestreichen Sie sie während des Garens einmal mit 1 Esslöffel Zitronenbutter.

Die Hummerschwänze entfernen & mit der Petersilie bestreuen und mit der restlichen Zitronenbutter zum Dippen servieren.

45. Geräucherte frische Lachsfilets

Zutaten:

- 1 Lachsfilets (frisch, wild, mit Haut)
- 1/3 Teelöffel Old Bay Gewürz
- 1 Teelöffel grundlegendes Meeresfrüchtegewürz

Richtungen:

Pepping für den Grill

Lachsfilets mit kaltem Wasser waschen und mit einem Papiertuch trocken tupfen

Die Lachsfilets mit den Gewürzen leicht einreiben

Pepping auf dem Preferred Wood Pellet Smoker

Stellen Sie den bevorzugten Holzpellet-Räuchergrill auf indirektes Garen ein und heizen Sie ihn auf 400 .F . vor

Die Filets mit der Haut nach unten direkt auf den Grillrost legen

Räuchern Sie die Lachsfilets im Räucherofen, bis die interne Rauchtemperatur auf 140°F ansteigt und die Gabel das Fleisch leicht abblättern kann

Lassen Sie den Lachs 5 Minuten ruhen

Servieren und genießen

46. Karibischer geräucherter Drachenkopf

Zutaten:

- 4 Unzen pazifische Drachenkopffilets
- 1 Esslöffel karibisches Meeresfrüchtegewürz
- 2 Teelöffel Olivenöl extra vergine

Richtungen:

Die Steinfischfilets von allen Seiten mit Olivenöl einreiben

Die Lachsfilets mit den Gewürzen leicht einreiben

Die Filets mit der Haut nach unten direkt auf den Grillrost legen

Räuchern Sie die Lachsfilets im Räucherofen, bis die interne Rauchtemperatur auf 140°F ansteigt und die Gabel das Fleisch leicht abblättern kann

Lassen Sie den Lachs 5 Minuten ruhen

Servieren und genießen

47. Geräucherte Garnelen Tilapia

Zutaten:

- 3 Unzen Tilapia-Filets (frisch, gezüchtet)
- 3/4 Teelöffel Paprika (geräuchert)
- 1 Esslöffel natives Olivenöl extra
- 3/4 Teelöffel Meeresfrüchtegewürz

Zutaten für die Garnelenfüllung:

- 1/2 Pfund Tail-off Shrimps
- 1/2 Tasse Semmelbrösel
- 1/2 Esslöffel gesalzene Butter
- 3/4 Teelöffel Pfeffer
- 1 Ei (klein, geschlagen)

- 1/4 Tasse Mayonnaise
- 3/4 Teelöffel Petersilie (getrocknet)

Richtungen:

Garnelen in eine Küchenmaschine geben, um sie fein zu hacken

Olivenöl bei mittlerer bis hoher Hitze in einer großen Pfanne erhitzen, Butter hinzufügen und schmelzen lassen, Zwiebel hinzufügen und weich dünsten

Die sautierte Mischung, die Garnelen und die restlichen Zutaten in einer Schüssel mit Deckel vermengen

Die Filets von allen Seiten mit Olivenöl einreiben. Verwenden Sie einen Löffel, um eine tolle Füllung auf die Rückseite jedes Filets zu stopfen.

Die Füllung auf der Rückseite der Filets verteilen

Falten Sie die Tilapia-Filets in zwei Hälften und halten Sie sie mit Zahnstochern fest.

Die Filets 40 Minuten braten

48. Geräucherter eingelegter Thunfisch

Zutaten:

- 3 Pfund Lachsfilets (gezüchtet)
- 2 Tassen frische Fischlake

Richtungen:

Schneiden Sie die Filets in 10 cm große Größen, um mit gleicher Geschwindigkeit kochen zu können

Die Schweinekoteletts in einen verschließbaren Plastikbehälter geben und in den Behälter gießen Frische Fischlake fish

Abdecken und über Nacht in den Kühlschrank stellen

Nach dieser Zeit die Schweinekoteletts herausnehmen und mit Küchenpapier trocken tupfen

Stellen Sie den Smoker-Grill auf indirektes Garen ein

Übertragen Sie die Lachsfilets in eine Teflon-beschichtete Glasfasermatte

Den Smoker auf 180 toF vorheizen und kochen, bis die interne Rauchtemperatur der Lachsfilets auf 145 1F . ansteigt

49. Geräucherter Thunfisch mit Sauce

Zutaten:

- 10 Unzen Thunfischsteaks (frisch)
- 1 Tasse Teriyaki-Sauce

Richtungen:

Schneiden Sie den Thunfisch in 10 cm große Größen, um mit gleicher Geschwindigkeit kochen zu können

Die Thunfischsteaks in einen verschließbaren Plastikbehälter geben und in den Behälter Teriyakisauce gießen

Zudecken und 3 Stunden in den Kühlschrank stellen

Nach dieser Zeit die Thunfischsteaks herausnehmen und mit Küchenpapier trocken tupfen

Das Filet auf eine antihaftbeschichtete Grillschale geben und 1 Stunde in den Smoker legen in

Erhöhen Sie nach dieser Zeit das bevorzugte Holzpellet auf 250 °F und kochen Sie, bis die interne Rauchtemperatur des Thunfischs auf 145 °F . ansteigt

Vom Grill nehmen und 10 Minuten ruhen lassen

Servieren und genießen

50. Geräucherte Salzforelle

Zutaten:

- 2 ganze Forellen (frisch, ohne Haut, ohne Knochen)
- 3 Tassen frische Fischlake

Richtungen:

Forelle in einen verschließbaren Plastikbehälter geben und in den Behälter gießen Frischer Fisch Sole

Übertragen Sie das Filet auf eine antihaftbeschichtete Grillschale und legen Sie es 1 Minute lang in den Räucherofen

Rauchen Sie weiter, bis das Innere des Thunfischs auf 145°F . ansteigt

Nehmen Sie sie aus dem Raucher und lassen Sie sie 5 Minuten ruhen

Servieren und genießen

FAZIT

Nun, da wir das Ende des Buches erreicht haben, bin ich sehr optimistisch, dass Sie einige der besten Smoker-Grill-Rezepte gut kennen, die Sie zu einem Profi im Grillen, BBQ und Kochen im Allgemeinen machen.

Manchmal kann es sehr überwältigend sein, so viele Rezepte kurz zu sehen. Daher hatten wir dieses Buch in verschiedene Abschnitte unterteilt, die jeweils ähnliche Rezepte umfassen. Lesen Sie das Buch also nach Bedarf durch und befolgen Sie die Anweisungen im Rezept genau.

CPSIA information can be obtained
at www.ICGtesting.com
Printed in the USA
LVHW060819161221
706194LV00023B/382

9 781803 503677